Erwin Heretsch

Unbequem

Erwin Heretsch

Unbequem

Erinnerungen
eines DDR-Christen

benno VERLAG

Bibliografische Information der Deutschen Bibliothek
Die Deutsche Bibliothek verzeichnet diese Publikation in der Deutschen Nationalbibliografie; detaillierte bibliografische Daten sind im Internet über http://dnb.ddb.de abrufbar.

ISBN 978-3-7462-2148-9

www.st-benno.de
Umschlaggestaltung: Ulrike Vetter, Leipzig, unter Verwendung von Fotos von Siegfried Adler, Leipzig
Gesamtherstellung: Kontext, Lemsel

Inhaltsverzeichnis

VORWORT

Schule war in der DDR in den meisten Fällen der Ort eines fanatischen Klassenkampfes. Weil man wusste, dass man die Mehrheit in der erwachsenen Generation nicht mehr für den Sozialismus gewinnen konnte, wurde alles daran gesetzt, die künftigen Generationen linientreu zu formen. Lehrer, die auch nur ansatzweise Widerstandsgeist zeigten, wurden mit brutalen Methoden aus dem Schuldienst verwiesen. In den Oberschulen und speziellen schulischen Einrichtungen wurden sogar Schüler, die den Vorstellungen der Partei nicht entsprachen, entfernt. Auch ich sollte 1953, ein Jahr vor meinem Abitur, aus der Oberschule verjagt werden, weil ich angeblich RIAS-Thesen verteidigt hätte. In einer Schulvollversammlung konnte ich den unsinnigen Vorwurf abweisen und wurde durch Entscheid der nicht so stark fanatischen Schulleiterin in der Schule behalten.

Säuberungsaktionen dieser Art veranstalteten die Parteigenossen immer wieder. Erwin Heretsch erzählt uns deswegen eines der Kapitel der DDR-Geschichte, die nach der Wende kaum aufgearbeitet worden sind. Die einseitige Fixierung auf die IM hat leider viele Kapitel des Unrechtsstaates DDR zu wenig berücksichtigt. Als Bistum Meißen und später Dresden-Meißen sind wir den Genossen kurioserweise auch ein wenig dankbar, dass sie Erwin Heretsch rausgeworfen haben, denn er war dadurch frei für bedeutende Dienste in unserer Kirche und konnte so viel mehr Menschen erreichen als in einer Schule.

Es ist gut, dass in diesem Buch auch jene Persönlichkeiten geschildert werden, die wegen ihres besonderen Einsatzes für die Jugend bei Partei und Stasi verhasst waren, wie beispielsweise Pater Gordian. Im Rückblick auf die Nazigeschichte, die unsere Jugendseelsorger ins KZ Dachau verbannte, zeigt sich auch hier wieder, wie ähnlich sich in allen Details Diktaturen sind. Gott bewahre uns vor einer Wiederholung.

Dresden, September 2006
Joachim Reinelt
Bischof von Dresden-Meißen

AN DIE HOFFNUNG GLAUBEN

„Lass die Finger davon! Spar dir die Zeit! Das interessiert keinen mehr. Heute sind andere Themen angesagt. Es muss auch endlich mal ein Schluss-Strich unter die Vergangenheit gezogen werden ..." So klangen die mir zugedachten „guten Ratschläge". Mit ähnlichen Worten wies man 1945 Viktor E. Frankl mit seinem ersten Buch ab, nachdem er als einziger Überlebender seiner Familie aus Auschwitz zurückkam. Frankl, der Begründer der „Dritten Wiener Schule", der Logotherapie, weltbekannt und weltberühmt. Nur in Deutschland blieb er weithin ein Unbekannter. Zu seinem Tode widmeten ihm die meisten deutschen Zeitungen kaum eine Zweizeilennotiz.

Im Neuen Testament finde ich den Auftrag: „Verkünde das Wort, sei es gelegen oder ungelegen." Trägt der Zeitzeuge nicht auch die Verpflichtung in sich, Zeugnis abzulegen?

Einige Freunde haben mich ermutigt, und so habe ich es gewagt, das aufzuschreiben, was sonst in die Grube der Vergessenheit fallen müsste, wenn es nicht bereits dort gelandet ist.

Es geht mir nicht um Denunziation, Anklage oder Verurteilung. Darum sollen die beteiligten Personen anonym bleiben, soweit es überhaupt möglich ist, obwohl es sich in keinem einzigen Falle um Fiktionen handelt. Ich beabsichtige lediglich, ein winziges Mosaiksteinchen zur Chronik beizutragen, zur Chronik menschlicher Manipulierbarkeit, aus welcher Motivation auch immer: sei es Angst, Feigheit oder Machtstreben. „Sein wie Gott" nennt die Bibel die Urversuchung des Menschen. Bildet sie vielleicht die stärkste Dyna-

mik des Bösen aus, Macht zu erlangen und auszuüben über Leben und Tod der Menschen, bis hin zur Selbstvernichtung, wie es uns die Selbstmordattentäter fast täglich beweisen?
Professor Stanly Milgram hat nach dem Zweiten Weltkrieg mit seinen Aufsehen erregenden Experimenten den wissenschaftlichen Nachweis dafür erbracht, wie wenig Einsatz nötig ist, um biedere Menschen – wie dich und mich – so erfolgreich zu manipulieren, dass sie bereit und fähig werden, ihre Mitmenschen, die sie gar nicht kennen, zu Tode zu quälen und das ohne den Einsatz von Gewalt oder Drogen. Über 80 Prozent seiner Versuchspersonen lieferten ihm dafür den Beweis. Umso ehrenwerter die wenn auch geringe Anzahl derer, die gegen den Strom geschwommen sind und allen Verlockungen und Befürchtungen widerstanden.
Wir Deutschen haben bittere Erfahrungen mit dem Nationalsozialismus gemacht. Im anschließend befohlenen Antifaschismus haben wir – zumindest in der DDR – die erlernten Methoden der Menschenverachtung weiter ausgebaut, nur ein wenig raffinierter. Alles hatte dem Sozialismus und dem Weltfrieden zu dienen. Das Recht wurde von der Partei als Waffe zur Unterdrückung des Volkes missbraucht. „Die Partei, die Partei, die hat immer recht.", lautete das Credo. Hitlers Konzentrationslager wurden, wenn sie auf dem Gebiet der späteren DDR lagen, übernommen und weitergeführt, so auch die bewährte Sippenhaft. Die Stasi konnte den Erfahrungsschatz der Gestapo nutzen, um ein noch raffinierteres Spitzelsystem flächendeckend zu installieren, das dann bald wie ein reifes Krebsgeschwür seine Metastasen in die Bundesrepublik pflanzte, um auch dieses Gebiet unter Kontrolle zu haben – bis ins Amtszimmer des Bundeskanzlers.
Offen bleibt die Frage: Wie ist es möglich, dass sich immer genügend Menschen finden, die mehr oder weniger freiwillig bereit sind, ihre Mitmenschen zu quälen, um nach einer

politischen Wende im Brustton der Überzeugung alles zu leugnen und entrüstet von sich zu weisen? Muss das wie in einem Wiederholungszwang ständig so weitergehen? Ist es wirklich die schwierigste Kunst, aus der Geschichte zu lernen? Mit meinen Berichten wollte ich einen bescheidenen Beitrag als Denkanstoß dazu leisten. Dürfen wir hoffen?

Auf dem Bautzener Nikolai-Friedhof liegt der Kriegs- und Nachkriegsbischof Petrus Legge begraben. Auf dem Grabstein ist sein Wahlspruch zu lesen:

> *„Contra spem in spem crédere,*
> *gegen alle Hoffnung an die Hoffnung glauben."*

ES BEGAB SICH

im Jahre Zwei nach dem Berliner Mauerfall, als das sowjetische Weltreich zusammenbrach, die Spaltung Deutschlands überwunden war, die Mächtigen vom Thron gestürzt und mancher Scharlatan gierig seine Finger nach einem freigewordenen Sessel ausstreckte, als die ersten Einblicke in die Stasi-Akten das ganze Ausmaß der Verbrechen erahnen ließen, da setzte ich mich ans Steuer meines nagelneuen VW-Golf zu einer lange geplanten und mit Spannung erwarteten Reise in die Vergangenheit, die aus eigenem Antrieb nicht vergehen wollte.

Warum ich den VW eigens erwähne? Das ist eine Geschichte, die ich meine, erzählen zu müssen:

Eigentlich „besaß" ich bis vor einem halben Jahr einen „Wartburg". Ich „besaß" ihn, obwohl er mir nicht gehörte, denn er war mir nur als Dienstwagen meiner kirchlichen Behörde zur Verfügung gestellt.

An einem strahlenden Samstagvormittag kutschierte ich meinen treuen Esel auf der Autobahn in Richtung Leipzig, wo ich in einem kirchlichen Bildungshaus eine Wochenendtagung für Ärzte zu halten hatte. - Die Uhr zeigte auf neun. Um 10.00 Uhr wollte ich anfangen. Ich hatte keine Eile. Trotz des Ausflugswetters fast kein Verkehr. Die Sonne stand mir im Rücken. Zwei ältere Skodas krochen geruhsam dahin. Ich blinkte und setzte zum Überholen an, nachdem ich mich vergewissert hatte, dass von hinten nichts kam. Auf der linken Spur noch einmal ein Blick in den Rückspiegel. Oh Schreck! Da jagte etwas mit unglaublicher Geschwindigkeit von hinten auf mich zu. Ich hatte kaum eine Sekunde Zeit, das schwarze flache Ding im Spiegel wahrzunehmen. Es sah aus

wie ein Porsche, und es können zwei Personen hinter der Frontscheibe gesessen haben. Da krachte es auch schon. Ich klammerte mich ans Lenkrad, verlor aber gleich die Gewalt über das Fahrzeug und musste erleben, wie ich von der Fahrbahn weg in Richtung Wald geschleudert wurde. Leitplanken gab es noch nicht. Meine Bremsen retteten mich. Tatsächlich kam ich kurz vor den ersten Bäumen in einem Gebüsch zum Stehen. Es war wie das Erwachen aus einem bösen Traum. Ich lebte noch und schien unverletzt zu sein. Auch die Gurte hatten gehalten. Aber ich kam nicht mehr raus. Alle Türen waren ineinander verkeilt und verklemmt. Ich blickte mich nach Hilfe um. Von den Gangstern und den Skodas keine Spur. Als hätten sie sich in Luft aufgelöst. Es kamen auch verschiedene Fahrzeuge. Aber die sahen mich nicht – oder wollten mich nicht sehen. Wer schaut schon beim Fahren immer auf die umliegenden Felder und Wälder?
Also musste ich mir selber helfen. Ich warf mich mit meinem Körpergewicht so lange gegen die linke Tür, bis sie sich tatsächlich öffnete. Dann sah ich die Bescherung: Der Kofferraum war total zusammengequetscht. Die Seitenbleche drückten auf die Reifen, die sich nicht mehr bewegen ließen. Ich stapfte auf die Fahrbahn zu und winkte. Ein Trabant hielt. Das junge Paar mit Kind erschrak bei dem Anblick. - Sie versprachen, sofort die Polizei in Grimma zu benachrichtigen. Man sah ja schon die ersten Häuser der Stadt. Als sich nach einer Stunde immer noch nichts rührte, hielt ich einen Wartburg an und bat um Hilfe. Diesmal klappte es bereits nach einer halben Stunde. In der Wartezeit hatte ich ausreichend Gelegenheit, über meine Situation nachzudenken. Sofort fiel mir die gestrige Fernsehsendung ein: Es ging um eine Reportage aus Rostock. Auf offener Straße hatte man am Vormittag eine Frau niedergestochen. Der Reporter befragte die Passanten, die Ladenbesitzer, die Anwohner. Er fand

nicht einen einzigen Menschen, der etwas gesehen oder gehört haben wollte. Sind das die Früchte der „blühenden Landschaften“, die man uns versprochen hatte? Die Polizei kam tatsächlich und nahm ein Protokoll auf. *„Da kein Personenschaden entstanden ist, können wir leider keine Republikfahndung veranlassen. Aber wir werden gleich die nächsten Autobahn-Parkplätze nach dem Verursacher absuchen.“*
Ich verstand die netten Polizisten so: Es war mein persönliches Pech, dass ich noch am Leben war, sonst hätten sie sich schwer ins Zeug legen müssen. – Nein, sie waren aber wirklich nett. Sie hielten einen Laster an, liehen sich eine lange Brechstange und versuchten, die Räder des Wartburgs vom aufgepressten Blech zu befreien, was ihnen tatsächlich gelang. Sie drehten sich wieder! Auch waren die Herren bereit, mit ihrem Funktelefon das Bildungshaus anzurufen: Man möge warten, ich käme noch, hätte einen Unfall. – Als wir gemeinsam feststellten, dass der Motor noch ansprang, halfen sie mir auf die Fahrbahn zu kommen und verabschiedeten sich freundlich nach einigen guten Ratschlägen. Im ersten und zweiten Gang erreichte ich mit entsprechender Verspätung doch noch mein Ziel. Der Anblick des Wagens löste Erschrecken, Verwunderung, aber auch ein wenig Spott aus: „Wer den Schaden hat, braucht ...“ Die hochgezogenen Seitenwände verliehen ihm das stattliche Ansehen eines neuartigen Flugkörpers, vielleicht von einem anderen Stern. Die zerstörte Blinkanlage konnte wenigstens linksseitig durch Armwinken ersetzt werden. Für Nachtfahrten eignete sich das fremdartige Vehikel leider nicht mehr. Schade, dass niemand einen Fotoapparat zur Hand hatte. Der berückende Anblick dieses Monsters ist dadurch leider der Nachwelt vorenthalten worden.
„Könnte es sein“, fragte ein Tagungsteilnehmerin, *„dass Sie gar keinen Unfall überlebt haben, sondern ein exakt geplantes*

Attentat?“ – Darauf konnte ich nur mit Schulterzucken antworten. Nie wäre ich selbst auf einen solchen Gedanken gekommen. Nun aber ließ er mich nicht mehr los. Wer sollte daran ein Interesse haben? Doch mehr und mehr erhärtete sich der Verdacht, dass es sich diesmal um einen Racheakt der Stasi handeln könnte, die sich „vom Klassenfeind“ um ihren Sieg betrogen fühlte. Sie allein hatte die beste Ausbildung und eine jahrzehntelange Berufspraxis im subversiven Kampf. Freilich muss ich bekennen, dass ich an dieser Aktion nicht ganz unschuldig war.
Meine Vermutungen wurden durch Herrn Rüdiger Knechtel erhärtet. Er war nach der Wende Redakteur des „Neuen Forums“ in Chemnitz und hatte es sich zur Aufgabe gemacht, Stasi-Praktiken, unter denen er und seine Familie gelitten hatten, offenzulegen. Er informierte mich zum Beispiel über sein Interview mit meinem persönlichen Spitzel „Konrad“. Auch schickte er mir Proben von gegen ihn gerichteten Morddrohungen, bei Dunkelheit möglichst nicht allein auszugehen, da man für seine Sicherheit nicht mehr garantieren könne.

Mitschrift eines Telefonates:
Anruf eines Herrn Schmiedel, mit der Aufforderung, die telefonisch durchgegebenen Zeilen an den Chefredakteur zu übergeben.
Wie sich zeigt, wird das Neue Forum nicht müde, Gräuelmärchen über das MfS zu erfinden und veröffentlichen zu lassen. Die Veröffentlichung des erlogenen und erstunkenen Beitrages auf der Forum-Seite Ihrer Zeitung von Sonnabend über das MfS hat bei den Mitarbeitern unseres Bundes das Fass zum Überschäumen gebracht. Nur mit äußerster Mühe konnten wir Unbesonnenheiten verhindern. Wir hatten bisher sehr viel Geduld und haben uns mit allem möglichen Dreck bewerfen

lassen. Aber damit ist es jetzt vorbei. Wenn bis spätestens Mittwoch dieser Woche kein Dementi in der „FP" erscheint, welches von Ihnen und Verantwortlichen des Neuen Forum unterzeichnet ist, können wir für Ihre Sicherheit nicht mehr garantieren. Und wir raten an, sich ab Donnerstag früh unter Polizeischutz zu stellen. Den Anheizern und Schmierfinken empfehlen wir, bei Dunkelheit möglichst nicht allein auszugehen. Das soll keine Drohung sein, sondern zu Eurer eigenen Sicherheit dienen. Diese Situation habt ihr selbst provoziert.
Das Dementi hat unter der fett gedruckten Überschrift „Berichtigung" auf der Titelseite zu erscheinen. Im Inhalt haben die Begriffe „böswillige Provokation, Ehrabschneidung und damit Anstacheln zum Pogrom gegen ehemalige Mitglieder des MfS" zu stehen. Weiterhin sollte entscheidend sein, aus „genannten Gründen" sollte sich das Neue Forum von den Redakteuren Bertel und Knechtel trennen.
Wir würden Ihnen abraten, eine weitere Schweinerei gegen uns produzieren zu lassen oder dies selbst zu tun.
Eine schriftliche Erklärung geht Ihnen und dem Neuen Forum noch zu.

Karl-Marx-Stadt, 12.2.1990

Rüdiger Knechtel!

Du fühlst Dich als Revolutionsheld. Deine Pressepamphlete rufen zu Pogromen. Mein Sohn nahm sich Deinetwegen das Leben.
Ich komme nie darüber hinweg. Vielleicht bin ich deshalb schon irre.
Jetzt kenne ich Deine Adresse.
Mein Schwur!

Bis 31.12.1991 töte ich Dich nicht. Dir schütte ich eine Tasse Salzsäure ins Gesicht. Du wirst blind sein. Damit ist mein einziger Sohn gerächt und dann mache auch ich meinem Leben ein Ende. Ihr Forum-Typen macht das Volk und das Land kaputt!

Ein kranker Vater, der nichts mehr vom Leben hält.

Eine verlogene, sentimentale Geschichte, wie die Kriminalpolizei sehr bald ermitteln konnte. Aber Knechtels Wagen wurde trotzdem in einer verschlossenen Garage demoliert.

Dies war die letzte Fahrt meines treuen Wartburg-Esels, denn das technische Gutachten stellte Totalschaden fest. Die Trauer um den Verlust wich bald dem Gefühl, nach fast 40-jähriger Fahrpraxis nun erstmals stolzer Besitzer eines eigenen Autos zu sein.

DIE REISE

Am Steuer dieses Volkswagens rollte ich nun meinem angestrebten Ziel entgegen. Lange hatte ich das Unternehmen vorbereitet: Ort und Straße erkundet, mit einem eigenen Spähtruppunternehmen das Haus gesucht, gefunden und mehrmals daran vorbeigefahren.

Nur wenige Freunde wurden in den Plan eingeweiht. Alle rieten mir ab: *„Was versprichst du dir eigentlich davon? – Du wirst enttäuscht sein. – Schade um Zeit und verfahrenen Sprit! – Das bringt doch nichts!“*

Ich hatte es mir in den Kopf gesetzt und war nicht mehr davon loszureißen. Warum denn eigentlich? Eine eindeutige Begründung fand ich genau genommen auch für mich nicht. Was wollte ich dann dort? Meinen Hass- und Rachegefühlen freien Lauf lassen? Ehrlicherweise gab es sie. - Die Leute vor das Gericht zerren? Immerhin hatten sie damals vor 40 Jahren ihre Macht in krimineller Weise missbraucht und skrupellos in mein Leben eingegriffen. – Schadenfreude? Ätsch, ich habe doch Recht behalten! – Sicher, diese Befindlichkeiten konnte ich nicht verleugnen, es gab sie. Aber sie reichten nicht aus für das Motiv. Weisheit meiner Großmutter: „Junge, die Welt ist rund. Was oben war, kommt mal nach unten, was unten war, kommt nach oben.“ Also sollte ich alles so belassen, wie es nun einmal war? Nicht daran rühren? Das kann ich nicht. – Freilich zähle ich mich zu den unverbesserlich neugierigen Typen: Was mag aus ihnen geworden sein? Ob sie noch so denken wie damals? Das könnte ein Motiv sein.

In all den vier Jahrzehnten hat mich ein Traum – oder Wunschbild – nicht verlassen, wie ein treuer Hund kehrte es

immer wieder zurück. Ich konnte es verjagen, sooft ich wollte: Ich gehe zu ihnen hinein, setzte mich und sage: „Habt Ihr nicht 'ne Tasse Kaffee für mich?“ Was das zu bedeuten hat? Ich weiß es selbst nicht. Aber es bedrängte mich. Wie eine Sehnsucht wollte es gestillt werden.
Wenn ich an die Ausführung dachte, befielen mich Zweifel. Welche Strategie sollte ich anwenden? Einfach hinfahren, vor der Tür stehen, läuten? Das wäre ein Überfall! – und wenn sie mich nicht reinlassen? – Wenn sie verreist sind? – Der weite Weg umsonst! Nein! – Also rufe ich unter falschem Namen an und vereinbare einen Besuchstermin? – Warum sollten sie mit einem Menschen etwas vereinbaren, den sie gar nicht kennen? Ich könnte es auch nicht.
Also entschloss ich mich, meinen richtigen Namen zu nennen. Ich wählte einen Sonntagvormittag, kurz vor dem Mittagessen. Da ist die Hausfrau beim Kochen, und ich hatte Glück. Sie war am Apparat, die Frau meines damaligen Direktors, meines mächtigsten Feindes.

Sie: *„Ja, bitte?“*

Ich: *„Hier ist Heretsch in Schirgiswalde. Ich weiß nicht, ob Sie sich noch an mich erinnern können. Wir haben zusammen zwei Jahre studiert für den Deutsch-Fachlehrer mit der Lehrbefähigung bis zur 10. Klasse.“*

Sie: *„Ich kenne Sie überhaupt nicht. Was wollen Sie eigentlich von mir?“*

Ich: *„In meinem Erinnerungsvermögen stelle ich zahlreiche Lücken fest. Und ich möchte Sie gerne bitten, mir zu helfen, diese zu schließen.“*

Sie: *„Ich wüsste nicht, wie ich Ihnen helfen sollte, wo ich Sie doch überhaupt nicht kenne.“*

Ich: *„Das ist möglich. Aber vielleicht könnten wir uns gegenseitig auf die Sprünge helfen ...“*

Sie: *„Ich glaube nicht."*
Ich: *„Aber ich hoffe es trotzdem. – Darf ich Sie einmal besuchen kommen?"*
Sie: *(Schweigen)*
Ich: *„Natürlich können Sie es mir verbieten. Also, darf ich oder darf ich nicht?"*
Sie: *(gequält) „Sie dürfen."*

Dann wurde gefeilscht. Es schien so, als ob ein gemeinsamer Termin nicht zu finden sein wird. Schließlich verzichtete ich auf jeden Vorschlag, ging ganz auf die ihrigen ein und sagte dafür einen anderweitig vereinbarten Termin ab. Hatte ich sie zu stark unter Druck gesetzt? Aber mir lag doch so viel an der Begegnung. Die erste Hürde war jedenfalls schon mal genommen. Nun ging es auf die zweite zu: Werden sie mich auch wirklich einlassen?
Ich hatte eine Flasche Wein und einen Blumenstrauß eingepackt, hoffend, dass beides mir die Tür öffnen würde, wenn ich signalisiere: Ich komme nicht mit dem Schwert, sondern mit Blumen. Den Wagen hatte ich auf der gegenüberliegenden Straßenseite abgestellt. Am Gartentürchen das Namensschild und die Klingel. Ich drückte auf den Knopf. Bald öffnete sich die Haustür. Tatsächlich, das war sie! – Ob ich sie auf der Straße wiedererkannt hätte? – Da ich in beiden Händen etwas trug, befreite ich sie von dem peinlichen Zwang, mir ihre Hand zum Gruße zu reichen. Dafür streckte ich ihr den Strauß entgegen: *„Mein Name ist Heretsch."* Sie schien beides gar nicht wahrzunehmen. Da sie das Türchen schon geöffnet hatte, trat ich ein.
„Ich muss Sie bitten, mir Ihren Ausweis zu zeigen." Was sollte denn das? Wirkte die nackte Angst so verwirrend auf sie? Da ich gar keine Hand frei hatte, reagierte ich mit *„Einen Augenblick, bitte"*, ging an ihr vorbei ins Haus, fand im offenen

Wohnzimmer einen Tisch, stellte die Flasche ab, legte den Strauß daneben und kramte aus meiner Brieftasche den Ausweis hervor und übergab ihn ihr mit den Worten: *„Immer noch gültiger DDR-Personalausweis!“* In der Tür erschien der Genosse Direktor und begrüßte mich sofort mit Handschlag. Dann nahmen wir Platz. Das war nach 45 Jahren ein erstes Wiedersehen nach beendeter Schlacht der Allmacht gegen die Ohnmacht.

Gehört es nicht zu den uralten Erfahrungen, dass der Mensch, wenn er erst einmal Macht in seinen Händen spürt, sofort in die Versuchung gerät, diese zu missbrauchen? Wer ist schon dagegen gefeit? Glaubt er nicht immer wieder gerne an die Verheißung der Schlange: „Ihr werdet sein wie Gott!“

Ich fragte meinen ehemaligen Direktor, ob er sich noch an mich erinnern könne. Weder er noch sie wussten etwas von mir. Nicht einmal mein Name war ihnen noch bekannt. Nun saßen wir uns zu dritt gegenüber als gleichberechtigte Rentner. Und da sich augenscheinlich keiner von beiden erinnern konnte, fühlte ich mich aufgefordert, unsere gemeinsame Geschichte zu erzählen:

„Sie erinnern sich gewiss noch an Pfarrer Kohl, den Sie und Ihre Partei für dreieinhalb Jahre ins Gefängnis gesperrt hatten.“

„Er verglich uns immer mit den Nazis. Das konnten wir uns doch nicht bieten lassen.“

„Und hat er nicht vielleicht sogar recht gehabt – mit dem Vergleichen?“

Schweigen.

„Sie haben ja den Prozess gegen ihn in Dresden miterlebt!“

„Ich versichere Ihnen, dass ich in meinem ganzen Leben nie an einer Gerichtsverhandlung teilgenommen habe!“ –

Und ich hätte beschören können, dass ich ihn im Flur und im Gerichtssaal deutlich gesehen hatte. Wem sollte ich jetzt glauben?
„Ich denke gerade an die Leipziger Universitätskirche. Haben Sie eigentlich gewusst, dass sie gesprengt wurde?“
„Ja sicher, aber damals mussten ja solche alten Kriegsruinen gesprengt werden, wenn der Wiederaufbau unserer Städte gelingen sollte.“
„Allerdings, nur war die Uni-Kirche keine Ruine, sondern dringend gebrauchte Predigtstätte der Theologischen Fakultät und evangelische und katholische Pfarrkirche, in der regelmäßige Gottesdienste stattfanden. Sie hatte den Bombenhagel fast unbeschädigt überstanden, dank des heldenhaften Einsatzes deutscher Männer und französischer Zwangsarbeiter, die die Brandbomben vom Kirchendach warfen. Haben wir nicht versucht, unsere Schüler zur Achtung vor dem nationalen Kulturerbe zu erziehen? Hatte unsere tapfere Volksarmee nicht den Auftrag, dieses Kulturerbe zu schützen? Vor wem eigentlich? Vor der eigenen Partei, der SED?“
Schweigen.
„Nachdem Sie den alten und schwer kranken Pfarrer Kohl sicher hinter Gittern hatten, war ich an der Reihe, der liquidiert werden musste. – Übrigens gab es in der DDR keine Haftverschonung und Haftunfähigkeit. Erst die Einheit Deutschlands brachte Genossen Mielke in den Genuss dessen, was er seinen Feinden nie zugestanden hatte. Im Fall Erich Honecker hat sich Ihre großsprecherische Partei auch nicht gerade mit Ruhm bekleckert: Als sich nicht ein einziger Genosse bereit erklärte ihn aufzunehmen, fand er Asyl ausgerechnet beim Klassenfeind, dem Pfarrer von Lobethal.
Doch kommen wir zu uns zurück!
Ich war von der Nossener Pestalozzi-Schule wegen politischer Unzuverlässigkeit aufs Dorf nach Eula strafversetzt worden.

Dort achtete Ihre treusorgende Partei schon darauf, dass ich keinen ideologischen Schaden anrichtete. Es gab ja dort nur die Unterstufe – obwohl ich die Lehrbefähigung bis zur 10. Klasse erworben hatte. Ich war darüber gar nicht böse. Denn ich lernte dabei Elementarunterricht und sehr viel Methodik. Aber eines Tages wurde unsere kleine Schule Ihrem Institut für Lehrerbildung (IfL) angegliedert, wodurch ich automatisch Mentor der Studenten an der Übungsschule wurde. Das aber konnte eine scharf beobachtende und verantwortungsbewusste Partei keinesfalls dulden. Der Lehrkörper musste von solchen Elementen gesäubert werden. Einige flüchteten von sich aus nach dem Westen. Sie machten es der Partei leicht. Nur, leider, Heretsch blieb.

‚Erinnern Sie sich‘, und ich schaute die Direktorsfrau an, *‚wie wir in Ihrer Wohnung gemeinsam die Hausaufgaben für unser*

Pestalozzi-Schule Nossen

Fernstudium machten? Da kam Ihr Mann aus einem Nebenzimmer herein. Er brachte netterweise ein paar Pralinen und für jeden ein Schnäpschen mit: ‚Macht mal Pause, überarbeitet euch nicht!' Im anderen Zimmer tagte zur selben Zeit die Parteigruppe und redete sich die Köpfe heiß, wie sie mich möglichst ohne großes Aufsehen liquidieren könnten. Verschiedene Vorschläge wurden erwogen: ‚Man müsste ihm täglich seine schriftlichen Unterrichtsvorbereitungen kontrollieren. Da könnte man ihn packen!' – ‚Geht nicht! Nach zehnjähriger Praxis ist er vom Gesetz her nicht mehr dazu verpflichtet.' – ‚Dann muss er eben von hier wegversetzt werden.' ‚Mit Sicherheit wird er an jedem anderen Ort sein Unwesen weiter treiben.'
‚Der ist ein harter Brocken. Da müssen wir schon schärfere Waffen einsetzen!'
‚Woran denkst du?'
‚Verstärkte Observierung, Verhöre, Entschließungen, Abstimmungen …'"
Meine beiden Gegenüber hatten sich meinen Bericht schweigend angehört, nicht ohne merkliche Empörung und Ratlosigkeit.
Schließlich fand er die Sprache wieder:
„Wie kommen Sie denn darauf? Woher wollen Sie denn das alles wissen?"
„Es war schon sehr spät am Abend, als es unten an unserer Haustür klingelte. Als ich aufschloss, stand ein Kollege vom Institut für Lehrerbildung vor mir.
‚Ich muss dich unbedingt sprechen', flüsterte er.
Oben in der Wohnung packte er aus, nachdem er sich vergewissert hatte, das wir ungestört waren: ‚Ich halte es nicht mehr aus. Sie wirken einen Strick, an dem sie dich aufhängen wollen. Nein, aufhängen wäre zu spektakulär. Erdrosseln wollen sie dich. Und das Schlimmste daran ist, dass sie mich in die Verschwörung hineingezogen haben. Und ich weiß nicht mehr,

wie ich da rauskommen soll. Bremsen kann ich sie in ihrer Menschenverachtung nicht mehr. Einige Male habe ich mich schon zu weit vorgewagt. Jetzt muss ich mich zurückhalten, obwohl ich reinschlagen könnte.'
Dann berichtete er mir von den Plänen der Clique.
Von nun an kam er regelmäßig im Dunkeln zu mir und hielt mich auf dem Laufenden. Als ich ihm dankte, entgegnete er: ,Wenn ich dir damit helfen kann, freut es mich. Aber ich brauche dich mindestens ebenso dringend. Denn ohne diese Nachtgespräche mit dir könnte ich gar nicht mehr schlafen. Ich träume nun schon regelmäßig, wie ich in einem Raubtierkäfig in der Ecke sitze und ständig damit rechne, dass sie mich zerfleischen. Dann stehe ich früh schweißgebadet auf.'
Durch ihn war ich immer auf dem neuesten Stand der Information. Ein Verräter? – Wurden sie damals nicht ,Kundschafter' genannt? – Er war mein einziger Bundesgenosse, auf den ich mich verlassen konnte."
Nun fragte der Direktor nach dem Namen. Ich zögerte. Darf ich ihn nennen? Nach 45 Jahren! – Ob er überhaupt noch lebt? Ich denke, ich muss ihn nennen, denn er hat Dank und Ehre verdient.
„Was meinen Sie, wer es war? Sie kennen doch Ihre Truppe."
Er kam nicht drauf.
„Es war Kollege H."

Das Sächsische Staatshauptarchiv Dresden schickte mir kürzlich dieses Protokoll zu:

SED-Kreisleitungssitzung Meißen am 17.01.1958

Kreisleitungsmitglied Gen. B.:
„Seit Jahren stellen die Genossen und eine Reihe fortschrittli-

cher Kollegen in Nossen fest, dass Herritzsch? untragbar ist. Die Kreisleitung hört diesen Namen nicht zum ersten Mal. H. hat hohe Funktionen innerhalb der katholischen Jugend im Kreis. Als Lehrer gibt er Deutsch-Unterricht und äußerte in einer Diskussion über die Jugendweihe, wenn er Kinder hätte, würde er sie nicht zur Jugendweihe schicken.
Weiterhin diskutiert er negativ über die Rote Armee und den 17.6.1953 sowie über die LPG. Die Kollegen forderten aufgrund dessen eine fristlose Entlassung dieses Lehrers. Bis heute ist jedoch nichts geschehen. Ich muss den Gen. Neubert bitten, diese Dinge beschleunigen zu helfen und Entlassung unbedingt durchzuführen, wenn auch dieser aalglatte Mensch irgendwelche Ausflüchte gebrauchen sollte."

Es ist nun an der Zeit, dem verwirrten Leser die Schandtaten eines „aalglatten Menschen" offen zu bekennen. Weshalb waren denn die roten Brüder so verbissen hinter mir her? Ich gestehe ihnen heute zu, dass sie in der Tat Gründe hatten, mich als für sie gefährlich einzustufen, obwohl sie nichts Genaues über mich wussten.
In all den Nachkriegsjahren widmete ich meine freie Zeit an den Abenden, den Wochenenden und in den Ferien der heimatlos gewordenen Flüchtlingsjugend – im Osten „Umsiedler" genannt. Sie waren aus Ost- und Westpreußen, Schlesien, dem Sudentenland und Ungarn vertrieben und lebten nun mit ihren Restfamilien in irgendwelchen abgelegenen Dörfern zerstreut. Die Väter meist umgekommen oder „vermisst", die Mütter um das Überleben besorgt und bemüht. Die Kinder und Jugendlichen als Fremde isoliert, doppelt verdächtig wegen ihres meist katholischen Glaubens, der im Sachsenlande fast unbekannt war und höchstens mit Ablasshandel gleichgesetzt wurde. (Als der schlesische Pfarrer bei

seinem evangelischen Gastgeber seinen Antrittsbesuch machte, frage ihn dieser höflich, ob er denn auch Akademiker sei.)
Einzig in den neu entstandenen Gottesdienststationen (evangelische Kirchen, Tanzsälen, Schulzimmern usw.) konnte man sich einmal in der Woche treffen. „Heimattreffen“ waren streng verboten. – Die Kirche wurde zur neuen/alten Heimat. – Jede Zusammenkunft außerhalb des Gottesdienstes musste polizeilich gemeldet werden. So baute ich nach und nach Jugendgruppen auf, vorwiegend im Meißner Land, wo wir uns vierzehntägig an bestimmten Abenden trafen. Da wir uns der Gefahren bewusst waren, ging immer einer der Jugendlichen – es musste ein Werktätiger sein – zur Volkspolizei-Kreisdienststelle und meldete termingerecht die „Andacht“ an. An einigen Orten stand der ABV (Abschnittsbevollmächtigte der Volkspolizei) bereits pünktlich vor der Tür. Wir begrüßten ihn immer freundlich, weil wir wussten, dass wir unter dem Schutz und Schirm der Staatsmacht sicher waren. – In den Stasi-Akten lief der „operative Vorgang“ unter dem Namen „Andacht“.
Wir versammelten uns in evangelischen Gemeinderäumen, in der Sakristei und in einem Falle sogar in einer Dorfkneipe. Der Gastwirt, ein vor Jahrzehnten eingewanderter Bayer, hatte seine Zugehörigkeit zur katholischen Kirche wiederentdeckt, bot uns seine einzige Gaststube an, holte immer mal ein Bier oder einen Schnaps; das störte uns weder beim Singen, Beten noch beim Diskutieren. Die Kundschaft bediente er, wenn wir da waren, in seiner Küche.
Oberschüler – so nannte man damals die Gymnasiasten, brachten aus dem Geschichts- oder Stabi-Unterricht[1] (Staatsbürgerkunde) Fragen und Probleme mit, die wir offen mitei-

1 Eigentlich „Stabü“, aber wegen der leichteren Aussprache und dem Parallelismus zu „Stasi“ eben „Stabi“.

nander besprachen. Für jeden Einzelnen wurde die Gruppe zur unentbehrlichen Tankstelle. Natürlich konnte es nicht ausbleiben, dass mancher Schüler sein Wissen im Unterricht verwendete, was wiederum manchen Lehrer in Bedrängnis, ja oft bis zur Verzweiflung brachte.
Hier ein Beispiel für die vom Gesetz verlangte „Wissenschaftlichkeit" des Unterrichtes:

„Damals aber wurde auch mitten aus dem Volke heraus der Mythos von Jesus Christus geschaffen, dem Gottmenschen, welcher lehrte, dass man alle Leiden geduldig ertragen müsse, weil alle Leidenden und Unterdrückten nach dem Tode ihre Belohnung erhalten würden. Die Sünder hingegen würden zu ewiger Pein verdammt werden. Dieser Mythos bildete sich unter starker Beeinflussung durch orientalische Mythen. Er wurde anfangs mündlich geformt und so weitergegeben und erst später niedergeschrieben."

„In keinem der historischen Werke jener Zeit steht ein Wort über das Leben von Jesus Christus."

(Geschichte des Altertums, herausgegeben von Prof. A. W. Mischulin in deutscher Übersetzung, Dietz Verlag Berlin, S. 206)

Mussten wir Christen dazu schweigen?
In „meiner" Dorfschule wohnte ein Geschichtslehrer mit Familie, der in der Kreisstadt unterrichtete. Natürlich war er SED-Genosse. Da er aber nie auf seine Macht oder seine Partei pochte, entwickelte sich ein geradezu freundschaftliches Verhältnis zwischen uns. Wir konnten offen miteinander sprechen. Dessen war ich mir sicher, dass er mich nie in die Pfanne hauen würde. Das hat sich später bewahrheitet, war aber nicht selbstverständlich. Er beklagte sich bei mir über

einige seiner Schüler, die in Geschichte manches besser wussten als er, besonders wenn es um Kirche und Christentum ging. Er ahnte und erfuhr es nie, dass ich dahintersteckte. Die offiziellen Lehrstoffe und ihre Beschimpfungen der Kirche waren hanebüchen.

„Kaum habe ich ein historisches Ereignis genannt oder kommentiert, schon meldet sich einer von ihnen und erklärt, dass es sich ganz anders verhielt. Die Klasse nimmt diese Szenen mit Schmunzeln, manchmal mit provokatorischem Gelächter zur Kenntnis, und ich stehe wie ein begossner Pudel im Regen. Dann muss ich zusehen, wie ich dem Schlammassel mit peinlichen Ruderbewegungen entrinne. Was soll ich nur machen? Wenn ich nur wüsste, wo die Kerle ihr Wissen herhaben!"

„Es gibt nur eine Lösung Ihres Problems", antwortete ich, *„Sie müssen, wie das Schulgesetz es vorschreibt, wissenschaftlich fundierten Unterricht halten!"*

„Sie haben klug reden. Können Sie mir sagen, wie ich das machen soll? Schauen Sie sich doch mal die amtlichen Handreichungen an, nach denen ich unterrichten soll! Nennen Sie das ‚wissenschaftlich'? Fast alles kommt aus der Sowjetunion. ‚Von der SU lernen, heißt siegen lernen.' Kaum nachprüfbare Fakten wurden als ‚historische Ereignisse' mit einem lauwarmen marxistisch-leninistisch-stalinistischen Aufguss versehen und mit Ulbricht-Zitaten verziert. Das ist Geschichte, die ich vermitteln soll. Was ich wirklich wissen möchte, erfahre ich von meinen katholischen Schülern. Und Sie fordern von mir ‚wissenschaftlichen Unterricht', sagen Sie mir mal, wie ich das machen soll! Sehen Sie, das wissen Sie auch nicht!"

„Doch, ich werde es Ihnen sagen: Sie stellen eine Liste von Fragen und Problemen zusammen, geben sie mir, und ich besorge Ihnen die Antworten."

Er hielt das für einen misslungenen Witz und schaute mich misstrauisch an.

„Das können Sie doch gar nicht! Wie wollen Sie das denn machen?“
„Sie werden staunen, wie das geht!“
Bald hatte er die erste Liste fertig und übergab sie mir. Ich schickte sie dem Regens des Priesterseminars in München. Der verteilte die Fragen an einzelne Theologie-Studenten, die dann die akribisch ausgearbeiteten Themen an den Regens zurückgaben. Er schickte sie mit der Post an mich, und ich reichte sie dem Kollegen Geschichtslehrer weiter. Der wusste seine Begeisterung kaum noch zu zügeln. Bei jeder passenden und unpassenden Gelegenheit hielt er die Texte seinen Genossen unter die Nase: *„Das müsst Ihr euch einmal anschauen! Das ist wissenschaftliches Arbeiten! Ich sage euch, der dümmste katholische Kaplan ist gebildeter als alle unsere Lehrer zusammen!“*
Mehr und mehr änderte sich sein Unterrichtsstil. Bissige Bemerkungen und Kommentare verschwanden zunehmend. An ihre Stelle traten Hochachtung und Bewunderung, wenn es um Glaubensfragen und Kirche ging. Die christlichen Schüler quittierten seinen Sinneswandel mit Überraschung und Genugtuung.

Der Aufbau von Jugendgruppen und die Angst

Es ist mir sehr wohl bewusst, dass es dem heutigen Leser kaum zu vermitteln sein wird, in welch rechtlosem Zustand wir uns in all den Nachkriegsjahren befanden. Nie war es offenkundig, wer wirklich die Macht ausübte, die Sowjetunion oder die „souveräne DDR“. Im Prozess gegen den evangelischen Pfarrer Kohl im Jahre 1958 versah ein sowjetischer

Offizier den Einlassdienst im Dresdner Gerichtsgebäude am Münchener Platz. Im Nürnberger Kriegsverbrecherprozess 1946 strich der Anklagevertreter der SU das Wort „Gewissen“ aus der Urteilsbegründung. Wer damals Augen hatte zum Sehen und Ohren zum Hören, der konnte auf Schritt und Tritt die Gesetz- und Gewissenlosigkeit dieses Staates erleben. Niemand war davor sicher, nachts aus dem Bett geholt und verschleppt zu werden. Nur wenige überlebten dann den Archipel GULAG.

Dies alles war mir bewusst. Mit dieser ständigen Angst im Nacken musste man leben. Soweit es mir möglich war, versuchte ich ein Höchstmaß an persönlicher Sicherheit im Alltag einzubauen. Da ich einkalkulierte, dass alle Post kontrolliert wurde, warf ich nur selten Briefe in hiesige Briefkästen, und dann auch nur zur Tarnung. All meine recht umfangreiche Korrespondenz trug erfundene Absender und wurde überall im Lande eingeworfen. Und ich ließ sie auch nicht direkt an mich schicken, sondern an Alte, Kranke, Gelähmte, die ich betreute. Wie sich später beim Einblick in die Stasi-Akten erwies, waren diese Vorsichtsmaßnahmen erfolgreich: Aus meiner Post konnten sie keinen erkennbaren Nutzen ziehen.

Völlig hilflos jedoch war man gegenüber den nächtlichen Verhaftungen, die ohne jede Vorankündigung letztlich jeden treffen konnten. So wurde beispielsweise in der Nacht zum 15. Januar 1953 der damalige Außenminister der DDR Georg Dertinger aus seinem Bett geholt und mit ihm seine gesamte Familie samt Schwiegermutter, die gerade zu Besuch weilte. Sie wurden einzeln verschleppt, ohne voneinander zu wissen. Dertinger wurde dann in einem Geheimprozess nach stalinistischem Muster zu 15 Jahren Zuchthaus verurteilt.

Wie hätte man sich vor dieser menschenverachtenden Willkür schützen können, wenn dies nicht einmal einem Minis-

ter gelang, der kurz vorher den Vertrag über die „Oder-Neiße-Friedensgrenze" im Namen der DDR unterschrieben hatte und dann die höchste Auszeichnung des polnischen Staates verliehen bekam?
Wenn ich nachts mit dem Fahrrad, später mit dem Motorrad von einer Jugendgruppe nach Hause kam, fuhr ich regelmäßig erst ein paar Mal an unserer Haustür vorbei, um festzustellen, ob auf der Straße nicht irgendwo ein verdächtiges Auto parkte oder im Haus ein Zimmer beleuchtet war. Konnte man damit rechnen, dass die Luft rein war, stellte ich das Motorrad weit weg vom Hause ab. Erst dann schloss ich auf. Ich wohnte mit meiner Mutter im ersten Stock. Mein Fenster lag an der Straßenseite. Abend für Abend wurde am Küchenfenster auf der Hofseite das Ende einer Wäscheleine befestigt. Und so verlief mein Fluchtplan: Wären die Häscher nachts gekommen, durfte in der Wohnung zunächst kein Licht eingeschaltet werden. Ich wollte die befestigte Leinenrolle hinunterwerfen und mich daran abseilen. Dann sollte meine Mutter die Leine lösen, in den Hof werfen und das Fenster schließen. Erst jetzt durfte sie das Licht einschalten und von meinem Fenster zur Straße schauen, sich in Ruhe ankleiden, mein Bett zudecken, Spuren beseitigen, die Treppe hinuntergehen, die Haustür öffnen und erklären, dass ich nicht zu Hause sei. Da die Häuser unserer Straße alle zusammengebaut waren, gab es von vorn keinen Zugang zu den Höfen, nur über den Hausflur. Die durch Mutters Verzögerung gewonnene Zeit wollte ich für meine Flucht nutzen. Der Hof wurde von einem steilen Felsen begrenzt. Dort musste ich hochklettern und auf Schleichwegen zur Villa eines Zahnarztes gelangen, der eingeweiht war und sich bereiterklärt hatte, mich noch in derselben Nacht nach Westberlin zu bringen, was damals noch möglich war. Ich wusste, wo der Schlüssel zu seiner Garage zu finden war, wo ich mich hätte

Bei Jugendtagen

verstecken können. Diesen Plan kannten nur wir beide und meine Mutter.
Nacht für Nacht schreckte ich auf, wenn auf unserer Straße ein Auto anhielt. Sofort setzte der Gedanke an den Ernstfall ein. Glücklicherweise habe ich diesen Plan nie in die Tat umsetzen müssen.
Heute darf ich es offen gestehen, dass ich dieses menschenverachtende sozialistische System von Anfang an abgelehnt habe, und das nicht nur aus theoretischen Erwägungen, sondern vor allem aus eigenem Erleben:
Im Januar 1945 wurden wir als Luftwaffenhelfer mit unseren automatischen 3,5 cm Flakgeschützen bei Cosel an der Oder im Erdkampf eingesetzt. Wenn die Rote Armee uns angriff, jagten sie ihre Leute scharenweise in das Mündungsfeuer unserer Geschütze, im hohen Schnee ohne Tarnzeug. Wenn alle tot waren, stürmte die nächste Formation ungeschützt auf uns zu und bildete den zweiten Leichenberg vor unseren Augen. Bald folgte der dritte. So ging es weiter.
Dass der Mensch überhaupt keinen Wert besaß, davon konnten wir uns dann in der sowjetischen Kriegsgefangenschaft überzeugen. Niemals wurden wir registriert. Nicht einmal eine Häftlingsnummer erhielten wir. Nur die Summe beim täglich zweimaligen Zählappell musste stimmen. Verzählten sie sich aber, dann holten sie einfach den ersten besten alten Mann von der Straße ins Lager, und schon stimmte die Zahl wieder. Es wunderte uns gar nicht, dass sie uns nicht anders behandelten als ihre eigenen Leute, weil sie selbst auch so behandelt wurden. Und dieses gewissenlose Unrechtssystem hatte man uns im Osten übergestülpt. Wie bei Hitler, so fanden sich auch bei Stalin genügend Kollaborateure, die bereit waren, mit der Aussicht auf eine Machtposition Recht und Gewissen zu verraten. Wie sagt doch der polnische Dichter Jerzy Lec: „Er hatte ein reines Gewissen. Er benutzte es nie."

Der geplante Fluchtweg in Nossen

Zahnarzt und potentieller Fluchthelfer (Mitte)

Musste nicht jeder Erwachsene, der die Menschenverachtung dieses Systems durchschaute, etwas dagegen unternehmen? Für mich bedeutete mein christlicher Glaube das Gegenstück zum atheistischen Stalinismus. Unsere Jugendgruppen wurden für uns Heimat, Gemeinschaft, aber auch Informationsquelle. Andere Möglichkeiten wurden ständig mehr und mehr beschnitten. Anfangs kamen noch Bücher und Zeitungen aus dem Westen mit der Post an. Das wurde allmählich alles beschlagnahmt, so dass schließlich nichts Gedrucktes mehr durchkam. – Ein junger Gynäkologe hatte sich ein Fachbuch von seinen Kollegen aus Westdeutschland schicken lassen. Es wurde eingezogen. Auf die Beschwerde hin erhielt er die Begründung: „Die Einfuhr pornografischer Literatur ist in der DDR verboten." –
Zeitungen und Sender waren gleichgeschaltet. In den Auslagen der Buchhandlungen überall das gleiche langweilige Bild: Die gesammelten Werke von Marx, Engels, Lenin, Stalin prangten neben einigen „modernen" Ergüssen: „Weltall, Erde, Mensch", das klassische Jugendweihe-Geschenk, „Jesuiten, Gott, Materie" und die „aufregenden" Übersetzungen aus dem Russischen: „Die Geschichte der Kommunistischen Partei der Sowjetunion (Bolschewiki)" und „Der Vatikan im Zweiten Weltkrieg" neben so ungemein „spannenden" Pamphleten wie „Der Sputnik und der liebe Gott".
„Mit Hilfe der Jesuiten, dieser Leute ohne Ehre und Gewissen, mobilisierte der Papst alle Kräfte der Reaktion, Finsternis und Ignoranz gegen den Kommunismus und die UdSSR. Es dürfte ein Hinweis auf seinen Versuch genügen, im Jahre 1930 einen ‚Kreuzzug' gegen die Sowjetunion und gegen den Kommunismus zu organisieren."

(Scheinmann, Der Vatikan im Zweiten Weltkrieg, Dietz Verlag, Berlin 1954).

Mit diesen und ähnlichen „Weisheiten“ versuchte man unsere Jugend zu füttern. Konnte man von uns Christen verlangen, dass wir schwiegen?

Hierzu eine vielsagende Begebenheit:
Am 29. April 1945 befreiten amerikanische Truppen das Konzentrationslager Dachau. 70.000 Häftlinge waren bereits umgekommen, 3.000 erlebten diesen Tag. Unter ihnen auch der Dresdener Jesuitenpater Otto Pies, der dann bald das Buch „Stephanus heute“ über den Diakon Karl Leisner und seine Priesterweihe im KZ schrieb. Als Pater Pies in Dresden ankam, holte er sich in der sowjetischen Kommandantur das amtliche Dokument, das ihm gestattete, das von Hitler beschlagnahmte und zum HJ-Heim umfunktionierte Exerzitienhaus „Hoheneichen“ wieder in den Besitz des Jesuitenordens zurückzuführen. Mit diesem Papier meldete er das Haus beim zuständigen Bürgermeister von Hosterwitz an. Dieser verhielt sich beim Anblick der sowjetischen Urkunde in den Händen eines ehemaligen KZ-Häftlings geradezu devot, sagte Unterstützung zu und fragte nach Abschluss der Amtshandlung fast kumpelhaft:

„Was sind Sie eigentlich von Beruf?“
„Ich bin katholischer Pfarrer.“
„Und sind Sie da etwas Besonderes oder Höheres?“
„Nein, nichts Besonderes. Ich gehöre der Gesellschaft Jesu an.“
„Ach“, atmete der Genosse erleichtert auf, *„da bin ich ja beruhigt. Nur unter uns, ehrlich gesagt, ich hatte schon befürchtet, die Jesuiten kommen wieder.“*

Das Haus Hoheneichen entwickelte sich für die katholische Jugend des Bistums Meißen zum geistigen und geistlichen

Mittelpunkt. Hier fanden Einkehrtage, Exerzitien, Jugendtreffen und Bildungsveranstaltungen statt. Unter den Priestern, die aus anderen Bistümern nach Hoheneichen kamen, war Heinrich Theissing, Jugendseelsorger von Görlitz und späterer Bischof von Schwerin. Er hatte der Jugend viel zu sagen. Aber er zog auch kleine Zettel aus der Tasche, auf denen nagelneue Jugendlieder geschrieben standen, die ihm sein Bruder Johannes aus Altenberg bei Köln geschickt hatte. Die meisten gaben als Verfasser ein Pseudonym an. Wir sangen sie mit heller Begeisterung, und von Hoheneichen aus verbreiteten sie sich über das ganze Gebiet der DDR. Hier einige Titel: „Uns hat umschlossen ein heiliger Ring“, „Wir radeln durch das Land“, „Wir sind Gefährten des rauschenden Windes“, „Das Nilpferd hat den Schnupfen“.
Im Hause bot uns die Ordensbibliothek eine Informationsquelle von unschätzbarem Wert. Immer standen uns einige Patres als Gesprächspartner zur Verfügung. Sie hatten alle schon den Krieg überlebt, und die meisten teilten unser Schicksal als Vertriebene. Einer von ihnen zeigte ein besonderes Einfühlungsvermögen in die Welt der Jugend: Pater Bernhard Mertz. Er verstand sie und er sprach ihre Sprache. So reiste er bald von einer Seelsorgestelle zur anderen und hielt Jugendabende und Einkehrtage. Wo er mit seinem Motorrad auftauchte, schlugen ihm die Wellen der Begeisterung entgegen. In den Stasi-Akten liest es sich dann so:

Dienststelle Meißen, d. 23. Okt. 1953.
Der erwähnte Pater Mertz ist der Leiter der in der DDR bestehenden Untergrundorganisation der Katholiken. Wie aus dem Ermittlungsbericht über Heretsch weiter hervorgeht, soll dieser vor ca. 2 Jahren einmal in Rom gewesen sein. Der Genosse Sgraja führte aus, dass im Jahre 1951 Personen aus der DDR, vorwiegend Studenten illegal nach Westberlin gefahren

sind und von dort aus vom amerikanischen Geheimdienst per Flugzeug nach Rom geschafft worden sind, um an einer Geheimsitzung des Papstes teilzunehmen. Der im Vorgang Erwähnte ist der Leiter bzw. Funktionär der katholischen Untergrundorganisation. Nach Aussagen des Genossen S. ist der Heretsch vermutlich ebenfalls Mitglied der Organisation, weil er enge Verbindung mit dem Pater Mertz hat.

Der von den Nazis übernommene Erbfeind Jesuitenorden (Die Jesuiten wurden während des Krieges wegen „Wehrunwürdigkeit" aus der deutschen Armee ausgeschlossen.) behielt bei den Kommunisten seinen kaum hoch genug einzuschätzenden Wert als stets sprudelnde Quelle aller Untergrundbewegungen. Diesen Leuten „ohne Ehre und Gewissen" konnte, ja musste man doch alle heimtückischen Verbrechen zutrauen. Wenn es in der DDR nicht mehr die Juden waren, von denen alle Grässlichkeiten der Menschheit ausgingen, so waren es jetzt die Jesuiten (in Volkspolen blieben es noch Jahrzehnte die Juden, die man in den Medien zum Beispiel für Studentenunruhen verantwortlich machte).

Singen, Beten, Betrachten, Bibellesen und Diskutieren wurden als staatsgefährdend eingestuft und veranlassten die Stasi zu „operativen Vorgängen". Flächendeckend wurden IM („informelle Mitarbeiter") eingesetzt, um jede Bewegung des „Klassenfeindes" ständig beobachten zu können. Geschah aber nichts Spektakuläres, dann musste man es erfinden: „amerikanischer Geheimdienst", „Geheimsitzung des Papstes". „Untergrundorganisationen, die den Umsturz planten ..." Wir planten keinen Umsturz. Wir wollten nur die in unserer Verfassung festgeschriebene freie Religionsausübung, nicht mehr und nicht weniger. Auch waren wir keine geheime

Untergrundorganisation. Unsere Veranstaltungen waren polizeilich gemeldet und für jedermann offen. Wir brauchten das Licht nicht zu scheuen.
Übrigens dauerte es nicht lange, da hatte die Firma „Guck und Horch“ eine gut angeleitete lebende „Wanze“ im Haus Hoheneichen etabliert: „IM Erika“ saß an der Pforte und erledigte nett und charmant die Anmeldungen, überwachte das Haus und die Patres und lieferte fleißig Berichte an ihren Führungsoffizier.

Der Zweck heiligt die Mittel

Vor ein paar Tagen erreichte mich ein Brief mit unbekanntem Absender. Ich gebe den Text gekürzt wieder:

Sehr geehrter Herr Heretsch,

nach unserer Flucht in den Westen – Juli 1961 – bin ich zweimal wieder in Meißen zum Klassentreffen gewesen, einmal vor etwa 6 Jahren, und kürzlich am 10.5.2003 hatten wir wieder ein Treffen. Beide Male versuchte ich Sie zu finden.
Der Grund unserer Flucht hatte auch mit Ihnen zu tun. Meine beiden älteren Kinder waren schon in den Westen geflüchtet. Daher waren auch mein Mann und ich fluchtverdächtig. Ich wurde in Abständen von etwa einer Woche dreimal von der Stasi verhört. Diese Verhöre bezogen sich auf Sie. Man wollte von mir wissen, wie Sie sich zu Schülerinnen des Lehrerseminars in Nossen verhalten hätten. Es handelte sich um meine Tochter und ihre Mitschülerin. Beide besuchten im Pfarrhaus den Religionsunterricht. Die Mitschülerin meiner Tochter war

nicht katholisch, aber sie war interessiert. Eines Tages, als sie vom Unterricht kamen, wurden sie von einer Gruppe Schülerinnen abgefangen. Man nahm ihnen das Unterrichtsmaterial ab. Sie wurden verhört. Man hatte ihre Schränke durchwühlt. Man hatte herausgefunden, dass meine Tochter keine Jugendweihe mitgemacht hatte. Sie mussten beide das Lehrerseminar verlassen. Man sagte ihnen, dass sie sich nach Ablauf eines Jahres erneut um die Aufnahme ins Lehrerseminar bewerben könnten, natürlich mit Jugendweihe. Das dritte Verhör durch die Stasi in der Stadtbibliothek dauerte vier Stunden. Ich versicherte immer wieder, dass ich Sie nicht kennen würde. Aber man glaubte mir nicht. Man wollte Ihnen einen Prozess machen. Ich sollte bezeugen, dass Sie sich unsittlich den Mädchen genähert hätten. Ich müsste das wissen. Ich wäre verstockt, sagten sie. „So kommen wir nicht weiter." Das nächste Mal müsste ich zum Verhör ins Polizeirevier kommen.

Ich geriet in Panik und sagte zu meinem Mann, der gern in der Heimat geblieben wäre: „Wenn du jetzt nicht mit uns in den Westen gehst, dann gehe ich mit den beiden Kleinen allein. Auf das Polizeirevier gehe ich nicht." Ich hatte Angst, man würde mich einsperren. Es gab Fälle, wo sie den Eltern die Kinder weggenommen haben, um sie in kommunistischen Familien zu erziehen.

Mich würde es sehr interessieren, ob man Ihnen tatsächlich einen Prozess gemacht hat. Wie ist es Ihnen ergangen? Von meiner Großcousine weiß ich, dass eine Stasi-Akte von mir existiert. Ich habe zweimal danach gefragt und nur die Antwort bekommen: Es braucht Zeit, sie sind überlastet. Da ich nun schon 83 Jahre alt bin, ist es doch recht zeitraubend und beschwerlich, sich darum zu kümmern.

Über eine Nachricht würde ich mich freuen.

Mit besten Grüßen
Eva Ho. (55595 Hüffelsheim)

Kommen wir zum Nachwende-Besuch bei meinem ehemaligen Direktor B. zurück. Weder er noch seine Frau konnten sich an mich erinnern. Obwohl ich ihnen kein Wort glaubte, konnte ich sie verstehen: Was führte dieser rücksichtslose Eindringling denn überhaupt im Schilde? Wie konnte man sich vor ihm schützen? Eigentlich blieb ihnen außer der hartnäckigen Verleugnung gar keine Wahl. Also sah ich mich veranlasst, ihrem Gedächtnis ein wenig auf die Sprünge zu helfen:
„Ich möchte Sie an die Sitzung des Pädagogischen Rates am Mittwochnachmittag im IfL erinnern, als Sie mitten in der Diskussion um den Stoffverteilungsplan hereinschneiten: ‚Entschuldigt bitte, ich muss Kollege Heretsch ein paar Fragen stellen.‘
Sie legten eine blaue Mappe auf den Tisch, öffneten sie und forderten mich auf, Rede und Antwort zu stehen. Die meisten Kollegen waren schockiert, verstanden überhaupt nicht, was das jetzt sollte, ahnten aber nichts Gutes.
‚Wie stehen Sie zur Jugendweihe?
Gibt es Ihrer Meinung nach in der DDR Religionsfreiheit?
Was sagen Sie zur Hetzpredigt dieses Pater Gordian?
Welche Einstellung haben sie zum Neuthomismus?
Wie stehen Sie zu den Vorträgen von Professor Tondi?‘
Diese Fragen habe ich noch im Gedächtnis. Es waren aber sechs. Ich komme beim besten Willen nicht auf die sechste Frage.“
Dabei blickte ich dem Direktor ins Gesicht.
„Können Sie mir sagen, wie die letzte Frage lautet?“
„Ich weiß nichts.“
„Aber vielleicht könnten Sie einmal in der blauen Mappe nachsehen? Deshalb bin ich nämlich hergekommen, weil nur die sechste Frage noch fehlt“, log ich frech.
„So etwas hebt man doch nicht auf.“
Damit war er mir prompt in die Falle gegangen, indem er

indirekt die Existenz der blauen Mappe bestätigte. Es stellte sich heraus, dass er sich an die Namen fast aller beteiligten Kollegen und Kolleginnen erinnerte, nur ich war ihm total unbekannt.
Seine Frau saß schweigend dabei, ohne ihre innere Spannung verleugnen zu können. Wir umkreisten uns misstrauisch, wobei die Unehrlichkeit auf beiden Seiten im Vordergrund stand: Wie kann man eigentlich eine solche Aktion vergessen, die mit all ihren Vorbereitungen mindestens ein Jahr in Anspruch nahm!
Ich versuchte, das erste Verhör aus dem Gedächtnis zu rekonstruieren:

Das Verhör

1. Frage: ***„Wie stehen Sie zur Jugendweihe?“***
„Positiv!“
„Wie meinen Sie das?“
„Wie ich es sage. Wer sie in Anspruch nehmen will, der sollte es tun.“
„Würden Sie dafür werben?“
„Das tue ich bereits jedes Jahr.“
(Es war meine Pflicht, die Kinder zu fragen, wer an der Jugendweihe teilnimmt, und diese der Schulleitung zu melden.)
„Würden Sie Ihre Kinder zur Jugendweihe schicken?“
„Das ist für mich kaum möglich zu beantworten.“
„Warum?“
„Weil mir dazu die Vorstellungskraft fehlt.“
„Inwiefern?“
„Ich bin unverheiratet und habe keine Kinder.“
„Angenommen Sie hätten Kinder.“

„Dann müsste ich ja schnellstens eine reiche Witwe mit Kindern heiraten. Dafür erscheint mir im Augenblick gar keine Aussicht."
„Kollege Heretsch, bleiben Sie doch mal bei der Sache!"
„Das bin ich doch."
„Gesetzt den Fall, Sie hätten eigene Kinder, würden Sie die zur Jugendweihe schicken?"
„Gegenfrage: Ist die Teilnahme an der Jugendweihe gesetzliche Pflicht, oder ist sie freiwillig?"
„Natürlich freiwillig."

„Dann würde ich die Freiwilligkeit für mich in Anspruch nehmen, sie nicht schicken und den Beweis für die Freiwilligkeit demonstrieren."
„Und warum?"
"Weil ich Christ bin, mich zum Christentum bekenne und unmöglich zugleich bekennender Atheist sein kann."

2. Frage: ***„Gibt es in der DDR Religionsfreiheit?"***
„Ja."
„Und in den Volksdemokratien?"
„Da bin ich mir gar nicht so sicher."
„Wie meinen Sie das?"
„Nun, bei unseren Nachbarn in der Tschechoslowakei zum Beispiel gibt es sie nicht."
„Wie wollen Sie das beweisen?"
„Sehr einfach: Jeder Tourist kann es mit eigenen Augen wahrnehmen, dass alle Klöster geschlossen, Mönche, Priester, Bischöfe in Gefängnissen und Bergwerken verbannt sind. Diesen Zustand kann man beim besten Willen nicht Religionsfreiheit nennen. Wenn jemand das Bedürfnis hat, als Nonne oder Mönch in ein Kloster einzutreten, dann ist ihm der Zugang durch das Verbot versperrt."

„Aber Religionsausübung ist doch nicht gleichzusetzen mit dem Leben im Kloster."

„Aber es gehört dazu: Die Kirche, ja die gesamte abendländische Kultur und Wissenschaft sind ohne die Arbeit der Nonnen und Mönche gar nicht denkbar. Darf ich Sie nur an den Mönch Gregor Mendel erinnern, ohne dessen Forschungsergebnisse wir heute keine Tier- und Pflanzenzüchtung betreiben könnten. Wenn Gregor Mendel jetzt leben würde, könnte er im Gefängnis sicher keine Vererbungsgesetze nachweisen."

3. Frage: ***„Kommen wir zur nächsten Frage: Was sagen Sie zu der bekannten Hetzpredigt dieses Pater Gordian, der die Atombombe auf Dresden herabbetete? Sie kennen doch den Bericht in der ‚Sächsischen Zeitung'?"***

„Ja, den kenne ich. Und ich bin höchst erstaunt zu erfahren, dass Sie sich als gebildeter Mensch auf die primitiven Ergüsse eines Analphabeten berufen. Haben Sie es wirklich nötig, sich auf dieses Niveau herabzulassen?"

„Das verstehe ich nicht."

„Nun, da schreibt einer etwas in der Zeitung, der selbst gar nicht lesen kann."

„Was heißt das?"

„Das heißt, er erfindet die Untaten eines Menschen, den es gar nicht gibt. Meines Wissens existiert in ganz Deutschland überhaupt kein Jesuit Gordian. Der Artikel in der SZ trägt aber die vielsagende Überschrift ‚Natoprediger im Jesuitengewand'. Wenn dieser Schreiberling des Lesens kundig wäre, hätte er auf den Plakaten, den kirchlichen Nachrichten und in den Zeitungsannoncen in Großbuchstaben zur Kenntnis nehmen können, dass da ein Dominikanerpater Gordian predigt. Wenn aber ein Herr Queißer dazu nicht in der Lage ist, habe ich den Verdacht, dass er auch seinen eigenen Namen verwechselt hat, dass an die Stelle des ‚Qu' ein ‚Sch' gehört ..."

Über dem gesamten Lehrerkollegium lag eine beängstigende Spannung wie eine Unheil ankündigende schwarze Wolke. Niemand wagte eine Bemerkung. Jetzt aber schienen einige Sonnenstrahlen ihren Weg durch das belastende Dunkel gefunden zu haben: Man stieß sich an, schmunzelte, grinste und beobachtete mit Genugtuung, wie der arme Direktor vom mutigen Angreifer in die Verteidigungsposition gedrängt wurde. Aber er konnte und durfte nicht so schnell aufgeben, hatte er doch einen hehren Parteiauftrag zu erfüllen: Die Vernichtung eines gefährlichen Klassenfeindes. Also setzte er nach:

„Das sind doch alles Nebensächlichkeiten. Ich möchte jetzt von Ihnen wissen, was Sie zum Inhalt des Artikels sagen."

„Meine Antwort ist sehr einfach: Er ist eine einzige Verleumdung, Unterstellung und Lüge. Die Worte ‚Nato' oder ‚Atombombe' kamen in der Predigt überhaupt nicht vor. Die SZ hat sich damit einen Bärendienst erwiesen."

„Wie können Sie das beweisen?"

„Sehr einfach: Hat jemand von Ihnen die Predigt in Dresden gehört? – Nein? – Aber ich! – Darum mache ich Ihnen einen Vorschlag: Schreiben Sie diesem Pater Gordian nach Leipzig. Ich kann Ihnen die Adresse besorgen. Erbitten Sie von ihm das Manuskript seiner Predigt. Ich kenne ihn und weiß, dass er ein sehr höflicher Mensch ist. Garantiert schickt er Ihnen den Text, vielleicht sogar eine Tonbandaufnahme. Dann haben Sie die Möglichkeit, den Wahrheitsgehalt des Hetzartikels zu überprüfen. – Ich kann nur staunen, wie eine angesehene Zeitung so etwas abdruckt!"

„Wir werden bei der SZ anfragen."

Ob es jemals geschehen ist? Ich bezweifle es, denn auf eine Antwort warte ich nun schon 45 Jahre.

4. Frage: ***„Was halten Sie vom Neuthomismus?"***

„Zu meinem Bedauern muss ich gestehen, dass ich bisher keine Möglichkeit hatte, Theologie zu studieren. So muss ich leider passen. Ich weiß darüber nichts, nicht einmal, was damit gemeint ist."
Neuthomismus war damals ein von der SED geprägter Begriff, ein Schimpfwort wie „Rias-Hörer", Objektivist, Versöhnler oder Kriegshetzer. Im Freundeskreis benutzten wir sie, um das ganze Regime lächerlich zu machen.

Zum Schluss lautete die Frage: ***„Was sagen Sie zu den Vorträgen von Professor Tondi?"***
„Es tut mir leid, ich hatte bisher kaum Möglichkeit, ihn zu hören. Darum kann ich mir kein Urteil bilden."

Mein ehemaliger Chef hatte zwar die blaue Mappe mit den Verhörsfragen nicht mehr aufgehoben, dadurch aber indirekt gestanden, dass sie einmal existierten und dass er sich sehr wohl an mich erinnerte. Damit war eine Festungsmauer niedergerissen, hinter der er sich bis jetzt verschanzt hatte. Ich konnte über die Trümmer klettern. Bei ihm aber wuchs merklich die Angst.
Ich wandte mich nun seiner Frau zu, die bisher schweigend am Tische saß:
„Erinnern Sie sich noch an den ersten Schultag nach den Winterferien im selben Jahr? Sie holten zwei Schüler und eine Schülerin einzeln ins Sekretariat: ‚Hast du es dir inzwischen überlegt, holst du die Jugendweihe nach?'
Alle drei antworteten mit ‚Nein'.
‚Dann wirst du sofort Schulgebäude und Internat verlassen. Du unterschreibst nur noch hier, dass du freiwillig gegangen bist. Eine Verabschiedung von den Mitschülern ist verboten!'"
Der guten Frau half jetzt nur noch die Flucht in die Gedächtnislücke.

„Einer von den Dreien läutete dann an meiner Haustür. Als ich öffnete, stand der kleine Kerl wie ein Schneemann mit seinem alten Koffer da: ‚Ich bin rausgeflogen!' Kurz davor waren ihm beide Eltern verstorben. Ich nahm ihn zu mir. Schule und Internat trugen bezeichnenderweise den Namen ‚Geschwister Scholl'. Welch eine schamlose Verhöhnung der Opfer!"
Es war für mich fast unmöglich zu unterscheiden, was sie wirklich vergessen hatten, und was Schutzbehauptungen und Lügen waren. So blieb mir nichts anderes übrig, als ihnen die Fakten darzulegen, indem ich einfach erzählte. Immerhin lagen jetzt ja bereits fast 50 Jahre dazwischen.

Direkt oder indirekt wurde ich damals – auch durch das „Verhör" - mit drei Personen konfrontiert, deren Namen dem künftigen Leser kaum noch bekannt sein dürften: Pater Gordian, Professor Tondi und Kardinal Mindszenty. Alle drei waren katholische Priester, lebten im 20. Jahrhundert und waren vom Stalinismus herausgefordert.

Wer war Pater Gordian?

Am 30. Dezember 1912 wurde Hermann Landwehr als viertes von 12 Kindern in Lohne in Oldenburg geboren.
Dazu schreibt er selbst:

„Der erste wurde später Lehrer und Bürgermeister, der zweite Priester und als solcher Dechant in Wilhelmshaven, die dritte Ordensfrau bei den Schwestern der Göttlichen Vorsehung, der vierte – das war ich – Dominikaner, der fünfte ist im Kriege gefallen, der sechste übernahm das Geschäft des Vaters, die

siebte heiratete einen Mann, der wie mein Bruder Josef den Krieg nicht überlebte, der achte wurde Arzt in den USA, der neunte Studienrat, der zehnte Maschinenbauingenieur, der elfte starb schon wenige Monate nach seiner Geburt, der zwölfte schließlich wurde der dritte Priester in der Familie. Als er geboren wurde, war mein ältester Bruder 20 Jahre alt. Gerade mit meinem jüngsten Bruder verband mich später eine tiefe Freundschaft. Solange es möglich war, hat er mich zusammen mit meiner jüngeren Schwester jedes Jahr zur Frühjahrs- und Herbstmesse in Leipzig besucht und mir geholfen, ohne dabei vor irgendeinem Risiko zurückzuschrecken.
Ein noch größeres Risiko haben meine Eltern auf sich genommen, als sie zu jedem Kind, das Gott ihnen schenkte, ein freudiges Ja sagten. Wie haben sie uns geliebt und sich für uns eingesetzt! Und wie haben wir sie geliebt! Ich denke da zunächst an die Mutter.
Die Leser der bekannten Jugendzeitschrift ‚Der Fährmann' wurden vor Jahren einmal gebeten, etwas über ihre Mutter zu schreiben. Mein jüngster Bruder sandte daraufhin – kurz vor seiner Priesterweihe – einen Text ein, der im Wortlaut veröffentlicht wurde:

> *Ein Wort zum Muttertag*
> *Meine Mutter ist eine gewöhnlich ungewöhnliche Mutter. Sie fährt keinen Mercedes, hat aber zwölf Kinder. Hätte sie das Parkett mehr geliebt als Blagen, wäre ich, die Nummer 12, nicht am Leben. Meine Muter scheint eine unmoderne Frau zu sein. Sie kennt keinen Filmstar, aber alle Fragen des Katechismus. Sie geht nur einmal im Jahr ins Kino, aber jeden Tag in die Messe. In unserer Kindheit kaufte sie uns einen Fußball. Das werden wir ihr nie vergessen. Manchmal verwechselt sie unsere Namen, aber wir wissen schon, wen sie meint. Einmal fragte sie jemand, welches*

von den Kindern sie am liebsten hätte. Da hat sie nur gelächelt. Sie lässt stets eine halbe Kartoffel auf dem Teller. Warum, habe ich nie erfahren. Sie versteht nichts von Psychotherapie, aber die Nachbarn holen Mutter, wenn Kummer sie verzehrt. Wenn wir uns am Bahnhof von ihr verabschieden, gibt sie uns keinen Kuss, aber daheim segnete sie uns mit dem Kreuzzeichen. Sie hält keine Lesemappen, aber fast alle Missionszeitschriften. Wir haben sie darob gescholten, aber sie sagt, davon hätte noch keiner Konkurs gemacht. –
Nun ist der Vater tot, einer von neun Brüdern in Frankreich gefallen. Sie ist ganz allein, aber immer bei uns allen. Bald assistieren die 17 und 20 Jahre älteren Priesterbrüder dem Benjamin bei seinem Primizamt. Uns allen aber assistiert unsere Mutter.
Ernst Landwehr

Hermann Landwehr trat dem Dominikanerorden bei und erhielt den Ordensnamen Gordian. Am 27. Juli 1930 empfing er in Walberberg die Priesterweihe. Am 20. Februar 1941 wurde er als Rekrut in einer Sanitätseinheit eingezogen. Er überlebte den Zweiten Weltkrieg als Sanitäter und Seelsorger, kehrte Anfang 1946 wieder heim und konnte nun bei Volksmissionen, Ehe- und Familienwochen, Besinnungstagen und zahllosen Predigten segensreich wirken. Mit seiner Zustimmung schickte ihn der Orden am 17. April 1951 nach Leipzig, in die einzige Niederlassung der Dominikaner in der DDR, die seit 1930 existierte, wo er von dem einzigen Mitbruder begrüßt wurde, dem treuen Pater Hermann Josef Kreling, der all die Jahre dort bereits als Pfarrer allein gewirkt und längst die Altersgrenze erreicht hatte.
Eine Kirche gab es nicht. Dazu diente der winzige Gemeinderaum im Pfarrhaus. Das hatte zur Folge, dass dort am

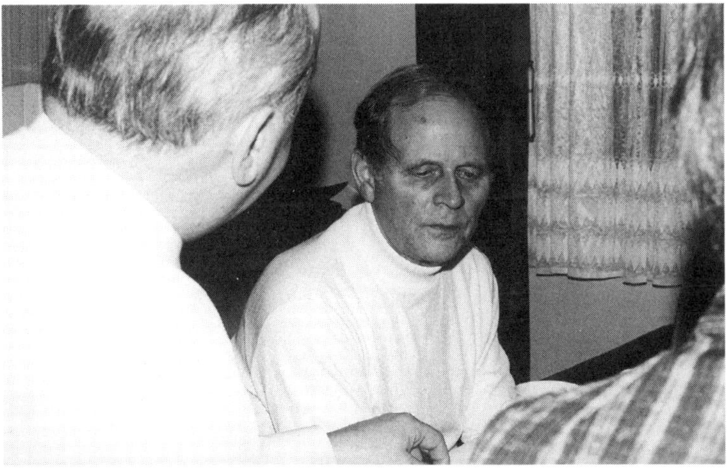

Letzter Besuch bei Pater Gordian

Pater Gordian und der Ordensnachwuchs

Sonntag fünf Gottesdienste gefeiert werden mussten, und der Raum trotzdem nie ausreichte.
Also baute er neben das Pfarrhaus eine Kirche, deren Grundstein bereits am 12. Oktober 1951 gelegt und die am 16. November 1952 geweiht wurde. Sie war der erste Kirchenbau in Leipzig nach 40 Jahren. Unter welchen Schwierigkeiten dieser Bau möglich war, das können nur Zeitzeugen ermessen.
In seiner Kirche und auf dem zugehörigen Grundstück veranstaltete er Besinnungstage, Studententreffen, Einkehrtage. Der Schwerpunkt seiner Arbeit aber lag bei den Jugendpredigten, die zaghaft begannen, schließlich aber eine ungeahnte Intensität erreichten. Es sprach sich herum, und von allen Gegenden der DDR kamen die Anfragen und Einladungen. Schließlich waren es fast 30 Orte, in denen er regelmäßig predigte. Er war fast ständig unterwegs zur nächsten Predigt. Und die Jugendlichen kamen mit Fahrrädern, Motorrädern, Autos und Bussen bei Wind und Wetter und harrten in eiskalten Kirchen bis zu minus 20 Grad aus. Man schätzte, dass es in der Summe etwa 20.000 waren, die regelmäßig Monat für Monat dem Prediger lauschten: Katholiken, Protestanten und Atheisten. Wenn die ungewohnt langen Predigten zum Abschluss kamen, ging oft ein leichtes Raunen und Murren durch die Reihen: „Schade, dass schon Schluss ist! Wir hätten noch viel länger zuhören können!"

Hier muss ich mein persönliches Erleben einflechten:
Es begann im Mai 1951. Schnell hatte es sich herumgesprochen, dass es in Leipzig-Wahren einen frisch importierten Dominikanerpater gäbe, der zu einem Studenten-Einkehrtag einlädt. Ich fuhr mit Freunden hin und war tief beeindruckt. Wir saßen im großen Obstgarten hinter dem Pfarrhaus und lauschten gebannt seinen Worten. Dies war die Geburtsstun-

de einer großen Freundschaft, die über das Grab hinausreichen sollte.
Meine Schwester hatte eine Zimmerkollegin aus dem Internat der Pharmazieschule mitgebracht, die später meine Frau wurde und es heute noch ist.
Es dauerte nicht lange, da hatte ich seine Zusage, Einkehrtage für meine Jugendgruppen zu veranstalten. Als Gegenleistung hielt ich in seiner Gemeinde ökumenische Bildungsabende für Eheleute und Eltern. Es entwickelte sich ein lebendiges gegenseitiges Geben und Nehmen.
Fand in Dresden eine Jugendpredigt statt, „mussten" wir natürlich hin. Wie hätten wir uns dieses Erlebnis entgehen lassen können! - Aber wie kommt man an einem Abend hin und zurück? Mit dem Fahrrad war es zu weit. Aber Not macht bekanntlich erfinderisch. So hatte einer der Jungen aus vielen Einzelteilen tatsächlich ein fahrbares Motorrad zusammengebastelt. Leider gab es keinen Treibstoff. Wer im Pendelverkehr mitfahren wollte, musste in den Apotheken der Umgebung Wundbenzin und Rizinusöl in winzigen Fläschchen zusammenstoppeln. Der Auspuff verbreitete eine Duftwolke, die eine entfernte Ähnlichkeit mit angebrannten Bratkartoffeln aufwies. Wir staunten nur, wie treu uns die alte Maschine bei diesem Futter transportierte. Aber einmal auf der Heimfahrt, ich saß auf dem Sozius, hauchte sie doch ihren Geist aus. Sie wollte nicht mehr. Da half auch kein noch so gutes Zureden. Absteigen und schieben war angesagt. Gar nicht so einfach mit dieser schweren Mühle! Aber die Nacht war ja noch lang. Und wir vertrieben uns die Zeit mit der Besprechung der Predigt und mit Singen und Pfeifen unserer Jugendlieder:

Bergauf da geht es schwer,
doch wart nur hinterher,
zu Tal wir fliegen pfeilgeschwind ...

Die Sonne soll uns scheinen
und die Haut uns bräunen.
Treiben soll wie Segel uns der Wind ...

Tatsächlich erlebten wir noch den Sonnenaufgang und hatten es bis zum Frühstück geschafft - waren aber auch geschafft. Ich musste gleich zum Dienst. An der Tür begrüßte mich der alte Schulleiter Schmidt, der mir die Entkräftung sofort ansah. Ihm konnte ich die Wahrheit sagen. Gleich bot er sich als Vertretung an, um mich nach Hause zu schicken. Aber ich lehnte dankend ab und kämpfte mich verbissen durch die sechs Unterrichtsstunden. Es war trotzdem ein gelungenes Abenteuer.
Am Sonntag, dem 11.01.1959, die Kirche feierte den Tag der Heiligen Familie, traute uns Pater Gordian in einem festlichen Jugendgottesdienst in St. Augustinus in Berlin und feierte mit uns bei unseren Berliner Freunden. Nur in den Ostteil der Hauptstadt der DDR konnten die Hochzeitsgäste aus dem Westen mit Tagesvisum einreisen.
Zur Silberhochzeit versammelten wir uns wieder mit ihm, mit unseren fünf Kindern und hielten Rückschau auf unsere 25-jährige Ehe.
„Pater Gordian und die Jugendpredigten“ wurden mehr und mehr zu einem festen Begriff im gesamten Gebiet der DDR. Das konnte und wollte die SED, die führende und allmächtige Kraft, nicht weiter dulden. Also griff sie ein. Am 16. November 1957 konnte man in der „Sächsischen Zeitung“ lesen: „Natoprediger im Jesuitengewand“.
Der Artikel bestand lediglich aus dummdreisten Behauptungen, Verdrehungen und Verleumdungen und gipfelte in der Drohung: „Für Kriegshetzer ist in der Deutschen Demokratischen Republik kein Platz.“
Vierzehn Tage später, am 27.11.1957, erschien in derselben

Zeitung ein zweiter Artikel mit der Überschrift. „Keine Christen, sondern Feinde des Volkes". Der Autor Manfred Queisser, von dem nicht zu erfahren war, ob es ihn überhaupt gibt, ergießt sich in an Primitivität kaum noch zu überbietender Hetze, indem er all das praktiziert, was er Pater Gordian, dem Papst und der gesamten Kirche vorwirft: Volksfeindlichkeit, Religionshetze und Lüge.
Als Zusatz erschien in der „Sächsischen Zeitung" noch ein dritter Artikel, in dem sich 60 Teilnehmer einer Versammlung des VEB Elbflorenz in einer Resolution von solchen Geistlichen wie Gordian distanzieren, die offen einen Atomkrieg befürworten.
Die Erfahrung deutete darauf hin, dass solche Hetzartikel einer Verhaftung vorangingen. Am Tage, als der zweite Hetzartikel erschien, wurde in Leipzig der evangelische Studentenseelsorger Dr. Georg Siegfried Schmutzler zu fünf Jahren Zuchthaus verurteilt, nachdem in den Zeitungen teilweise gleichlautende Beschimpfungen erschienen waren. Die 30 Seiten lange Anklageschrift wirft ihm vor: Boykotthetze im Dienste der Nato, ein Staatsfeind zu sein, „der die evangelische Studentengemeinde als illegale Organisation aufgebaut hat und der die evangelische Akademikerschaft durch Intelligenz für seine Absichten zu gewinnen versucht ..."
So musste Pater Gordian mit seiner Verhaftung rechnen. Der Orden wollte ihn sofort nach Westdeutschland zurückholen. Kardinal Döpfner in Berlin vermittelte bei der Ordensleitung auf Bitten des Paters, dass er bleiben konnte. Beide waren sich darin einig: Wenn die Partei ihr Ziel erreicht hätte, wäre das ein Anfang mit bösen Folgen geworden. Er blieb, er predigte und er setzte sich über alle Predigt-Verbote hinweg, besonders im Raum Berlin-Brandenburg. Dort versuchte man mit größerem Stasi-Aufgebot die Jugendlichen abzuschrecken. Man erreichte das Gegenteil.

So drehte man den Spieß um: Als im April 1960 die Verstaatlichung der landwirtschaftlichen Güter erfolgte, missbrauchte die Partei ihn, ohne zu fragen, für ihre Zwecke. Auf Plakaten und Flugblättern im katholischen Sorbenland war zu lesen:

„Crostwitz ist voll genossenschaftlich. Ihr müsst an euer Leben und an die Zukunft eurer Kinder denken“, sagte Pater Gordian am 5. April 1960 in seiner Predigt in der Kirche in Crostwitz. „Diese Worte finden die volle Zustimmung aller fortschrittlichen Menschen. Denn das Leben aller strenggläubigen Katholiken und die Zukunft der Kinder liegt für alle Menschen, auch für die Gläubigen, in der herrlichen Perspektive des Sozialismus und damit in einer friedlichen und glücklichen Zukunft.“

Aber für die Partei blieb er nach wie vor ein „Feind des Volkes“: Schließlich versuchte sie, ihn an der vielleicht empfindlichsten Stelle zu treffen und zu erpressen, an seiner Familie: Fast 20 Jahre lang verweigerte man ihm jede Reiseerlaubnis zu seinen Eltern und Geschwistern. Man bot ihm aber an, seine sterbende Mutter besuchen zu können, wenn er sich zu einer Zusammenarbeit mit der Stasi bereit erklären würde. Da er das kategorisch ablehnte, durfte er weder seinen sterbenden Bruder noch seine sterbende Mutter besuchen und nicht einmal an deren Beerdigungen teilnehmen.

Schicksalhafte Erlebnisse

Am 30. Mai 1968 früh um 10.00 Uhr wurde die Leipziger Universitätskirche in die Luft gesprengt.

Bereits acht Jahre nach dem Tod des heiligen Dominikus kamen 1229 die Dominikaner nach Leipzig und bauten das Paulinerkloster mit der Paulinerkirche, die erst nach Jahrhunderten Universitätskirche genannt wurde. Martin Luther hat sich in einer Predigt für die Erhaltung dieser Kirche eingesetzt. Sie hatte den Siebenjährigen und den Dreißigjährigen Krieg, den Ersten und den Zweiten Weltkrieg überstanden. Dem Sozialismus wurde sie geopfert. Es gab Fachleute, die behaupteten, mit der Kirche sei die beste Orgel von ganz Leipzig vernichtet worden, und mit ihr an die hundert Grabplatten und Grabdenkmäler und ungezählte Kunstwerke. Pater Gordian bezeichnete diese Kirche auch als die „seine". Die Dominikaner hatten sie erbaut. Zur Reformation wurde sie Eigentum der Leipziger Universität. Und es fanden dort auch evangelische Gottesdienste statt. Doch am meisten wurde sie von der katholischen Gemeinde genutzt, die seit dem Krieg keine Propsteikirche mehr besaß. Alle übergemeindlichen Veranstaltungen fanden hier statt, dazu Fasten- und Jugendpredigten. Aber alle Proteste und Versuche, die Kirche zu retten, scheiterten.

Mit der Vernichtung der Universitätskirche endeten die regelmäßigen Jugendpredigten, weil neue Aufgaben auf Pater Gordian warteten: Einkehrtage, Exerzitien (Retraiten) für evangelische Christen, Wallfahrtspredigten, Sorge um Ordensnachwuchs ...

Im Dezember 1985 musste er sich in Köln einer lebensgefährlichen Krebsoperation unterziehen, die er erstaunlich gut überstand, so dass er den Eindruck hinterließ, als sei gar nichts geschehen.

Und er durfte den 9. Oktober 1989 miterleben, den Zusammenbruch des verbrecherischen DDR-Regimes.

Am 11.06.1998 hatte er sein irdisches Ziel erreicht. Mit Paulus konnte er sagen:

„Ich habe den guten Kampf gekämpft, den Lauf vollendet, die Treue bewahrt. Schon jetzt liegt für mich der Kranz der Gerechtigkeit bereit, den mir der Herr, der gerechte Richter, an jenem Tag geben wird. Aber nicht nur mir, sondern allen, die sehnsüchtig auf sein Erscheinen warten."

Er wurde in seiner Kirche zu Leipzig-Wahren im Seitenflügel beigesetzt unter großer Anteilnahme der Leipziger Bevölkerung.

Wer war Professor Tondi?

Alighiero Tondi wurde am 27.05.1908 in Rom geboren.
Er schreibt:

„Meine Eltern waren nicht gläubig. Sie gingen nie in die Kirche. Sie waren nur standesamtlich getraut. Mein Vater vertrat ausgesprochen sozialistische Anschauungen.
Er war von Beruf Advokat ... Meine Mutter war eine vortreffliche Frau, intelligent und sehr gütig. Sie teilte voll und ganz die Ansichten ihres Mannes. Beide hatten kein langes Leben.
Ich wurde Doktor der Architektur und kurz darauf des Bauingenieurwesens. Außerdem liebte ich die Malerei und studierte in Florenz. Mehrere Male wurden meine Bilder in Frankreich und Italien ausgestellt, so auch 1952 und 1956 in Rom bei den Quadrinnalen der italienischen Malerei ..." (Jesuiten, S. 9)
„Am Abend des 7. Februar 1936 reiste ich ins Noviziat der Gesellschaft Jesu nach Ariccia, ungefähr 30 km von Rom entfernt." (Jesuiten, S. 5)

Im Juli 1943 wurde er zum Priester geweiht. Er wandte sich sofort dem religiösen Laieninstitut zu, heute das Institut für Religionswissenschaften, wohnte in der Gregoriana unter der Leitung von Pater Gaetani und machte sich ob seiner Eloquenz, seiner Lebhaftigkeit, seiner menschlichen Wärme und seines künstlerischen Talents einen Namen.
Doch ging in ihm ein Wandel vor:

> *„Schließlich fand ich die Wahrheit und gelangte zu einer Überprüfung meines gesamten Lebens, zur wahren Interpretation der Wirklichkeit, zum Kommunismus." (Jesuiten, S. 24)*

Im gleichen Jahr wie Tondi (1943) wurde in Rom nach Abschluss seines Theologiestudiums am Germanikum Hermann Joseph Weisbender zum Priester geweiht, der später (seit 1983) Generalvikar des Bistums Dresden-Meißen und während der Vakanz Verwalter des Bischofsamtes war.
Hier sein mündlicher Bericht über Tondi:

> *„Mit dem Eintritt in den Jesuitenorden hatte er die drei mönchischen Gelübde abgelegt, in denen er sich zu Armut, Ehelosigkeit und Gehorsam verpflichtete. Mehrfach verstieß er gegen die Ordensregel, als er seine Gemälde verkaufte und den Erlös in die eigene Tasche steckte, anstatt ihn der Gemeinschaft abzuliefern, wozu er sich ja freiwillig verpflichtet hatte. Als alle Ermahnungen und Zurechtweisungen durch seinen Ordensoberen nicht fruchteten, wurde er am 21.04.1952 aus der Gesellschaft Jesu (SJ) ausgeschlossen.*
>
> *Bis dahin war er stellvertretender Leiter des ‚Institutes für höhere Bildung' an der Päpstlichen Gregorianischen Universität. Nun aber stand er draußen vor der Tür, ohne Arbeit und Brot, ohne eine Gemeinschaft, die ihn trug. Auf diesen Augenblick lauerte bereits die Kommunistische Partei Italiens. Sie nahm ihn mit offenen Armen auf, denn für*

sie war er der Held des Jahrhunderts, der Treffer im Lotto, der Retter der Partei. Das hätte sich kein Genosse je träumen lassen, dass einer sich zum Kommunismus bekehrte, der direkt aus den ‚Verließen des Vatikans', aus der obersten Heeresleitung des Klassenfeindes zu ihnen übergelaufen war. Und er enttäuschte ihre Erwartungen nicht. Willig folgte er der weisen Strategie der Partei, die ihn nun von einer Stadt Italiens zur anderen schickte, „um die Wahrheit über die verbrecherischen Machenschaften der Kirchenleitung endlich ans Licht der Öffentlichkeit zu bringen." Mit ihm konnte man sich sehen lassen, ihn konnte man vorzeigen:

Ein katholischer Priester, Italiener, ein Jesuit gar mit Doktortitel, der den Marxismus studiert hatte, um ihn zu widerlegen, der sich aber auf diesem Wege zum Kommunismus bekehrte und der nun bereit war, für die Befreiung der Arbeiterklasse und gegen ihre Feinde, den Vatikan und die Amerikaner zu kämpfen. Das hatte es noch nicht gegeben. Die Menschen strömten in Massen zusammen. Hier lockte eine prickelnde Sensation, ein profitabler Skandal, ein Krimi live. Der Erfolg blieb nicht aus. Tatsächlich traten viele Zuhörer aus der Kirche aus. Die Partei feierte ihre Triumphe.

In Deutschland übersetzt der Volksmund den Ordensnahmen SJ (Sozietas Jesu) humor- und liebevoll zugleich mit ‚Schlaue Jungs', wobei immer eine Portion Hochachtung mitschwingt. So verschliefen die ‚Schlauen Jungs' auch die Tondi-Affäre nicht, sondern schickten ihrerseits einen Ordensmann hinterher, der exakt nach dem Fahrplan Tondi eine Woche später in den gleichen Städten und Sälen sprach. Die im ganzen Land ins Auge springenden Plakate weckten die Neugier und Sensationslust der Italiener. ‚Pater Retondi antwortet Tondi.' (Der hieß wirklich so!)

Nun strömten die Menschen erst recht zusammen, so dass die größten Säle dem Massenansturm nicht gewachsen waren. Und Retondi verstand sein Handwerk! Was zur Folge hatte, dass eine beängstigend anschwellende Flut von Parteiaustritten die gesamte KPI in Existenznot brachte. Der Bumerang schlug zurück.
Was nun? Kein Genosse konnte sich erinnern, eine so gefährliche Parteikrise schon einmal miterlebt zu haben. Und das alles hatte ihnen Tondi eingebracht! Der Mann musste schnellstens verschwinden!
Aber wohin mit ihm? Keiner wollte diesen gefährlichen Bazillus ins Land holen. Niemand, der diese Pleite erfahren hatte, niemand – außer der SED, der führenden Kraft der DDR, die sich danach drängte, in Europa zum Mülleimer der Bruderparteien zu avancieren.
Also wurde Tondi ins Land geholt, verbunden mit der Hoffnung, er werde die Reste der katholischen Kirche mit den Waffen des Proletariats endgültig ausrotten. Dass es hier keinen Retondi gab, dafür sorgte die Allmacht der Partei. Also wurde er nach dem italienischen Rezept von Stadt zu Stadt gehetzt. Und er ließ alles mit sich machen. Was blieb ihm auch anderes übrig:
‚Wes Brot ich ess', des Lied ich sing'.‘ Und er sang brav die von der Partei vorgeschriebenen Lieder.“

Im Jahre 1955 erschien im Berliner Dietz Verlag Tondis ‚Liederbuch‘ „Vatikan und Neofaschismus“ - eine Übersetzung der 1952 in der „Unità, dem Zentralorgan der Kommunistischen Partei Italiens, veröffentlichten Artikel. Darin müht er sich eifrig nachzuweisen, dass die Kirche in der gesamten Geschichte auf Seiten der ausbeutenden Kapitalisten gestanden habe und die Menschen bis heute auf das Jenseits vertröste.

„Der Kommunismus nun fegt diesen Plunder hinweg und gibt den Menschen durch die wissenschaftliche Herrschaft der Vernunft seine Würde und sein Recht wieder. Er gibt ihm die Möglichkeit, sich von jeglicher Tyrannei zu befreien und in der klaren Beherrschung seiner eigenen Mittel glücklich zu werden ... Aber darüber hinaus ist der Kommunismus viel mehr, unendlich viel mehr. Er ist die Erklärung des Lebens und praktisch das Leben selbst."(Vatikan, S. 56)

„Man kommt mit dem Einwand, dass Priester und Prälaten in der Tschechoslowakei, in Ungarn und sonstwo eingekerkert seien. Aber das ist ein Missverständnis. Der Kommunismus kümmert sich nicht um religiöse Dinge. Die Verfassung der Sowjetunion proklamiert die Freiheit des Gewissens und des Gottesdienstes, und diese Freiheit besteht wirklich. Ich habe auf Grund meiner Stellung in der Kirche die im Vatikan übrigens wohlbekannten wahren Motive dieser Verurteilungen und dieser Prozesse aus nächster Nähe studieren können. Verurteilt und vor Gericht gestellt worden sind Leute, die konspiriert haben, die einen bewaffneten Aufstand gegen rechtmäßige und verfassungsmäßige Regierungen organisiert haben, um sie zu stürzen, um die Macht den Angelsachsen in die Hände zu spielen. Das sind geprüfte und bewiesene Tatsachen, was der „Osservatore Romano" auch sagen mag. Diese Verbrechen hätten noch ganz anders bestraft werden müssen, aber man wollte aus Achtung vor dem Priestergewand und der offiziellen Mission dieser Leute so milde wie möglich sein, unglaublich milde." (Vatikan, S. 59)

Hier muss sich jeder denkende Mensch angesichts der fünfzig Millionen Opfer stalinistischer Mordpolitik die Frage stellen: Kann ein hochgebildeter Jesuitenpater so uninformiert

und so naiv sein, dass er die unübersehbare Zahl der Martyrer verhöhnt?
Die Broschüre „Vatikan und Neofaschismus" wurde den Geschichts- und Gegenwartskundelehrern der DDR als „wissenschaftliche" Quelle ihres Unterrichts verordnet. Es galt als Gesetz, dass jede Schulstunde die vorgeschriebene marxistisch-atheistische Grundlage und Aussage zu enthalten habe. Dies wurde bei Hospitationen ausdrücklich überprüft.

> *„Die Prozesse gegen verschiedene klerikale Kräfte, so unter anderem das gegen Kardinal Mindszenty geführte Gerichtsverfahren und seine Tätigkeit während des konterrevolutionären Putsches in Ungarn im Herbst 1956 haben gezeigt, dass es sich bei diesen Kräften nicht um Verkünder des Evangeliums, sondern um politische Intriganten, um Staatsfeinde gegen den Sozialismus handelt. Die wichtigsten Direktiven für ihre Agententätigkeit wurden von ‚höheren Mächten' gegeben." (Macht, S. 30)*
>
> *„Nach Meinung vieler Menschen – man bedenke, dass ich von überzeugten Katholiken spreche – bewirkten sowohl die im Gegensatz zur Lehre des Evangeliums stehende Politisierung durch Rom als auch der Reichtum der Kurie und der hohen Kirchenhierarchie, ferner die ‚Skandalaffären' der klerikalen Parteien, dass sich die Massen von einer Institution entfernten, in der das Volk nicht die wahre Fortführung einer religiösen Botschaft sieht, sondern erkennt, dass sie gegen die Interessen der Völker ausgerichtet ist und die Verteidigung des Kapitalismus, der Ausbeutung, der Vorbereitung eines Atomkrieges sowie andere Übel zum Ziel hat." (Macht, S. 83)*

In seinem Buch über die Jesuiten schreibt Tondi z.B.:

> *„Denn wenngleich sich die zahlreichen Glieder dieser kolossalen Doktrin, der katholischen Theologie, voneinander*

unterscheiden, so wiesen sie dennoch alle zwei gemeinsame Merkmale auf: wissenschaftliche Unhaltbarkeit sowie innere Leere. So überzeugte ich mich, dass der Katholizismus absolut falsch ist und dass die Lehre der Kirche dem Menschen in der Botschaft Jesu völlig fremd gegenübersteht." (S. 290)

Am 19.10.1954 heiratete Tondi Carmen Zanti, eine aktive Kommunistin, die von 1963–76 kommunistische Abgeordnete und Senatorin war und in Berlin zur Generalsekretärin der Weltfrauenbewegung ernannt wurde. Sie starb 1979.
Tondi hatte offiziell eine Anstellung in Ostberlin als Professor für christliche Geschichte und christliche Philosophie, obwohl er weder Philosoph noch Historiker war. Seine Vorlesungen waren nur wenig besucht. Und seine öffentlichen Vorträge wiesen einige merkwürdige Schönheitsfehler auf: Man kam ohne Eintrittskarte gar nicht hinein. Die Karten wurden nur an „zuverlässige" und „ausgewählte" Leute verteilt. – Der Verfasser gehörte nicht zu dieser Personengruppe. Ferner: Sollte ein so hochgebildeter Professor die deutsche Sprache überhaupt nicht beherrschen? Er erweckte den Verdacht, als müsse er sich ständig hinter seiner Dolmetscherin verstecken, was die von ihm ausgehende Langeweile keineswegs vertrieb. Wen interessierte schon italienisches Parteiengezänk mit Personen, die man nicht einmal dem Namen nach kannte. Das Publikum erwartete echte Skandale. Aber die kamen nicht.
Ein enttäuschter Zuhörer ging am Schluss auf das Angebot ein, sich zu Wort zu melden, und so stellte er die Frage:
„Herr Professor, sind Sie auch katholischer Priester?"
„Ja, natürlich."
„Dann haben Sie auch Beichte gehört?"
„Ja."

„Was haben Ihnen denn die Leute so im Beichtstuhl erzählt?“
„Das kann ich Ihnen leider nicht sagen. Das Beichtgeheimnis gilt auch heute noch für mich.“
Diese Antwort kam mir damals schon höchst verdächtig vor. Bald wurde es um Professor Tondi ganz still. Nur die roten Stabi- und Gewi-Lehrer (Staatsbürger- und Gegenwartskunde) plapperten noch jahrelang die abgegrifffenen Tondi-Phrasen nach. Er selbst verschwand unehrenhaft in der Vergessenheit. Von seinen Erfolgen war nirgends etwas zu spüren. Und die katholische Kirche lebt heute noch – auch im Osten Deutschlands. Sie lebt noch, weil viele treue und engagierte Seelsorger und Laien sich um die christliche Jugend kümmerten.
Neben dem schon erwähnten Pater Gordian taten dies auch die Jesuiten in ihren „Monatspredigten“. Hier ging es um die Vermittlung von Glaubenswissen. Dabei wurde vordringlich der Intellekt angesprochen, der den offensichtlichen Gegensatz zur atheistischen Ideologie des Marxismus-Leninismus deutlich machte. („Der Marxismus ist richtig, weil er wahr ist.“) Ein bestimmter Teil jeder Gemeinde bildete den Kern der Zuhörerschaft der Jesuitenpredigten, die für viele notwendiges Rüstzeug in der täglichen Auseinandersetzung mit dem Staatsatheismus darstellten.
Zufällig traf ich eines Tages vor einer Predigt an unserer Kirchtür den Leipziger Jesuitenpater Gerhard Kroll, der im Benno-Verlag Leipzig das Buch „Auf den Spuren Jesu“ herausgebracht hatte, das damals gerne gekauft und gelesen, ja sogar von der SED geschätzt wurde, denn sein Export brachte der DDR kostbare Devisen ein. Pater Kroll berichtete mit guten Texten und eindrucksvollen Fotos vom Heiligen Land, ohne es selbst jemals gesehen zu haben.
„Stellen Sie sich vor“, erzählte er mir begeistert, *„ich habe die Reisewürde erlangt, bin Rentner geworden. So war ich endlich*

an den Stätten, die ich in meinem Buche beschrieben habe. Welch ein Erlebnis! Bisher durfte ich mich immer nur an Karl May trösten, der die Länder auch nicht besuchen konnte, die er beschrieb. Auf der Hin- und Rückfahrt machte ich Station in Rom im Generalat unseres Ordens. Früh zelebrierte ich in der Hauskapelle. Beim Frühstück fragte ich beiläufig den Hausoberen: ‚Wer war denn der alte Herr, der mir bei der Messe ministriert hat?‘

‚Das ist Tondi! Wussten Sie denn nicht, dass er längst zurückgekehrt ist? Er hat hier den Status eines Ordensbruders und darf keine priesterlichen Funktionen ausüben.‘“

Am 25.9.1984 verstarb Tondi plötzlich. Bischof Barone, der ihm in den letzten Jahren eng verbunden war, beerdigte ihn und sprach über das Gleichnis vom verlorenen Sohn:

„Tondis Biographie ist der gelebte Beweis für Gottes unendliche Barmherzigkeit, die es liebt und kann, vom Bösen wieder ins Gute zurückzuholen ... Von dieser Barmherzigkeit leben wir alle. Möge ER ihm ein gnädiger Richter sein!“

Vor seinem Tode hat er noch an einem Buch gearbeitet, das leider unauffindbar verschollen ist.

Wer war Kardinal Mindszenty?

Am 29. März 1892 wurde Jozsef Mindszenty in Mindszent (Ungarn, Komitat Vas) als Sohn des Landwirts und Weinbauern János und seiner Ehefrau Borbála geboren. Sie waren sechs Geschwister, von denen drei bereits im Kindesalter starben. Nach Volksschulzeit und Abitur trat er ins Priesterseminar ein und wurde am 12. Juni 1915 vom Diözesanbischof Graf János Mikes zum Priester geweiht. Mitten im Ersten Weltkrieg begann er seinen Dienst als Vikar. Am 9. Februar 1919 wurde er zum ersten Mal von den Kommunisten festgenommen, aber nach kurzer Zeit wieder freigelassen. Am 1. Oktober 1919 ernannte Bischof Graf János Mikes ihn zum Pfarrer von Zalaegerszek.

Bei der Amtseinführung des erst 27 Jahre jungen Pfarrers sagte der Oberhirte, seine Jugend sei „ein Fehler“, der von Tag zu Tag kleiner werde. Am 25. März 1944 wurde er vom Fürstprimas Kardinal Seredi zum Bischof geweiht und zog an seinem 52. Geburtstag (am 29. März 1944) in aller Stille in seine Bischofsstadt Verszprém ein, denn seit 10 Tagen war Ungarn von den Nazis besetzt.

Am 31. Oktober 1944 überreichte Bischof Mindszenty der Regierung eine von vier Bischöfen unterzeichnete Denkschrift zur Situation ihres Vaterlandes, nachdem alle Bischöfe in einem Pastoralrundschreiben energisch gegen die Deportation der Juden protestiert hatten, was dem größeren Teil der Budapester Juden das Leben rettete. Zwei Wochen später erfolgte die erwartete Verhaftung, die zu Ostern 1945 mit dem Einmarsch der Roten Armee endete.

Am 15. September 1945 ernannte ihn Papst Pius XII. zum Erzbischof von Esztergom und damit zum Primas der Kirche von Ungarn. Esztergom war Hauptstadt des Landes. Hier wurde der heilige König Stefan geboren, getauft und gekrönt. Hier liegt der Beginn von Ungarns Staatswerdung. Weil dem Erzbischof das Recht zustand, den König zu krönen, galt er immer als Primas unter den Würdenträgern des Staates und der Kirche. Er vertrat den König, der König holte sich bei ihm Rat. Und wenn der König sich gegen die Verfassung verging, war der Erzbischof von Esztergom verpflichtet, ihn zu mahnen und die Einhaltung der Verfassungsbestimmungen zu fordern.

Nach Ende des Zweiten Weltkrieges lag auch Ungarn materiell und geistig in Trümmern. Es drohte eine katastrophale

Hungersnot. Der Primas rief die Christen der westlichen Welt auf, Ungarn zu retten. Und sein Hilferuf verhallte nicht. Am 8. August 1945 begann die erste Suppenküche ihre Arbeit. Bald waren es 14.000 Hungernde, die täglich ein wohlschmeckendes warmes Essen bekamen. Das passte dem Bolschewismus nicht ins Konzept. So wurden ständig neue Hindernisse in den Weg gelegt, bis die Kommunisten den Mitarbeitern der Hilfsorganisationen Missbräuche und Spionage vorwarfen und sie zwangen, nach nunmehr zwei Jahren die Hilfsaktionen einzustellen.
Im selben Maße, wie die Kriegsschäden nach und nach beseitigt wurden, spross und erblühte auch neues kirchliches Leben aus den Ruinen: Neue Pfarreien wurden gegründet, Bekenntnisschulen erbaut, Religionsunterricht in Schulen erteilt, Wallfahrten und Prozessionen veranstaltet.
Am 28.2.1946 erhielt Bischof Mindszenty aus der Hand Pius XII. den Kardinalshut.
Es dauerte aber nicht lange, da bliesen die kommunistischen Machthaber zum Frontalangriff: Alle christlichen Vereine und Verbände wurden aufgelöst und verboten, ihr Besitz beschlagnahmt. Der Religionsunterricht abgeschafft. Klöster und Or densniederlassungen aufgelöst. 187 männliche und 456 weibliche Ordenshäuser mit 11.000 Mitgliedern fielen der Auflösung zum Opfer. Die Gebäude gingen mit dem Inventar in Staatsbesitz über. Die Bewegung der dem Staate hörigen „Friedenspriester" wurde gegründet. Um die Kirche vollständig unter staatlicher Kontrolle zu halten, wurden eifrige Priester und Bischöfe versetzt und durch „Friedenspriester" ersetzt. Alle Eingaben, Proteste und Manifeste des ungarischen Episkopates trugen die Unterschrift: „Jozsef Kardinal Mindszenty, Fürstprimas von Ungarn." So verwundert es nicht, wenn erstes und zentrales Angriffsziel der Primas war. – Die Vorgehensweise ähnelt sich in allen Staaten im Machtgebiet der Sowjetunion. –

Kardinal Jósef Mindszenty, Erzbischof von Esztergom (Ungarn)

Am 26.12.1948 erfolgte die zu erwartende Verhaftung. Damit begann sein grauenhafter Leidensweg, der in mancher Grausamkeit an die Passion Christi erinnert: *„Haben sie mich verfolgt, werden sie auch euch verfolgen"*, sagt Jesus.

Unter dem johlenden Hohngelächter einer größeren Menschenmenge wurde er seiner Kleider beraubt und in einen orientalischen Hanswurstanzug gesteckt. Damit begann der Entzug jeglicher Menschenrechte. Er wurde in einen Raum gesperrt, in dem Tag und Nacht eine Gruppe von jugendlichen Aufsehern freche Reden führte und Zoten erzählte. Anstelle eines Bettes diente ein zerschlissener Diwan. Obwohl die Wachposten ständig rauchten, wurde das einzige Fenster nur zweimal in der Woche kurz geöffnet. Die Verhöre fanden vor allem nachts statt. Schlief der Gefangene einmal ein, wurde er sofort wieder geweckt. Nach jedem Verhör wurde er aufgefordert, das Protokoll zu unterschreiben. Da es aber nie seine Worte, sondern nur Fälschungen und Unterstellungen enthielt, verweigerte er die Unterschrift. Daraufhin wurde er im Zimmer im Kreise gejagt und solange mit dem Gummiknüppel geschlagen, bis er bewusstlos zusammenbrach. Er erwachte erst wieder, nachdem er mit kaltem Wasser begossen worden war.

Die Mutter des Kardinals hatte seine Verhaftung miterlebt. Nun drohte man ihm, wenn er nicht unterschreibe, seine Mutter herzuholen, damit sie bei seinem Anblick tot zusammenbreche und er ihr Mörder werde.

Schon vor seiner Verhaftung wusste er, dass man mit Drogen jede Persönlichkeit brechen konnte. Es war ein offenes Geheimnis, dass zweierlei Drogen angewandt wurden: mit dem einem Mittel löste man die Zunge des Gefangenen, mit dem anderen stürzten sie ihn in eine vollständige Lethargie. Deshalb versuchte er, mit allen ihm zu Gebote stehenden

Tricks das Schlucken der angeblich ärztlich verordneten Tabletten zu vermeiden. Von dem ihm vorgesetzten Essen nahm er nur Kleinigkeiten. Aber nach 72 schlaflosen Stunden bemerkte er, dass Folter, Schlafentzug und Nahrungsverweigerung zu einer ernsthaften Gefahr für sein Leben wurden. Während der 39 Tage der Untersuchungshaft wurde ihm auch nicht ein einziger kurzer Aufenthalt in frischer Luft gewährt. Vergeblich beantragte er einen Verteidiger. Also musste er sich selbst verteidigen. Und er kämpfte verbissen so lange, bis ihn auch die seelischen Wiederstandskräfte verließen. So unterzeichnete er Texte, von denen er glaubte, sie seien seinen Wünschen entsprechend geändert worden. Er war bereits ein gebrochener Mann.

Ich lebte damals in jenem Teil der DDR, den wir spöttisch „das Tal der Ahnungslosen" nannten, das heißt, wir waren praktisch von jeder objektiven Information abgeschnitten. Ich vermochte es nie, mich mit diesem Zustand abzufinden. Über eine brauchbare Dachantenne bekam ich den Hörfunk-Sender „Rias-Berlin" herein. Und gute Freunde versorgten mich in Briefen mit aktuellen Nachrichten aus westdeutschen Kirchenzeitungen. So wusste ich damals, dass Kardinal Mindszenty vor seiner Verhaftung bekanntgegeben hatte, dass er jetzt schon alles für ungültig erkläre, was er später unter Drogen sagen oder schreiben werde.
Unsere Zeitungen strotzten vor primitivster Hetze:

Der „Christ" Mindszenthy, ehemaliger Primas der ungarischen katholischen Kirche, Agent der internationalen Reaktion.
Seine Werkzeuge: Vertierte Faschisten.
Seine Opfer: Aufrechte Arbeiterfunktionäre,unschuldige Frauen und Kinder. (Sächsische Zeitung)

Die Fotos, die veröffentlicht wurden, zeigten einen geistig-seelisch gebrochenen Menschen, auch jetzt noch dem Hohngelächter preisgegeben.

Am 3. Februar 1949 eröffnete der Präsident des Volksgerichtshofes die Hauptverhandlung.
Der Angeklagte wurde beschuldigt:
1. Leiter einer Organisation zu sein, die den Umsturz des Staates plane,
2. Spionage gegen den ungarischen Staat getrieben zu haben,
3. Fremde Zahlungsmittel unrechtmäßig verwendet zu haben.

Der Staatsanwalt beantragte die Todesstrafe. Das Gericht verurteilte ihn zur lebenslänglichen Zuchthausstrafe.
Am 29. Oktober 1956 wurde er befreit und konnte nun nach achtjähriger Gefangenschaft die Freiheit genießen. Sie währte dreieinhalb Tage! Dann griff die Rote Armee ein und zerstörte das Freiheitsstreben des ungarischen Volkes, das diesen Versuch mit 5.000 Toten und ungezählten nach Sibirien Deportierten bezahlen musste.
Dem aus dem Zuchthaus befreiten Kardinal blieb nur die Flucht in die amerikanische Botschaft, wo er vom Präsidenten Eisenhower Asyl gewährt bekam. Von dort siedelte er auf eigenen Wunsch nach Wien um, wo sich ihm die Möglichkeit eröffnete, Pastoralreisen zu ungarischen Gemeinden in Europa, Kanada, USA, Südafrika und Südamerika zu unternehmen. Sein geliebtes Heimatland blieb ihm verschlossen. Er starb am 6. Mai 1975 in der Verbannung in Wien, ohne die Heimat noch einmal gesehen zu haben.
Er wurde auf seinen Wunsch in der Ladislauskapelle der Wallfahrtskirche zu Maria Zell (Steiermark) neben dem Grab seines Vorgängers beigesetzt. Laut Testament sollten seine

sterblichen Überreste erst dann in die Gruft des Primas nach Esztergom überführt werden, wenn „der Stern der Moskauer Gottlosigkeit vom Himmel Mariens und des hl. Stefans fällt". Dies wurde am 4. Mai 1991 nach dem Zusammenbruch des sowjetischen Weltreiches verwirklicht. Erst 1989 erfolgte seine juristische Rehabilitierung.

Es ist kaum bekannt – oder bereits in Vergessenheit geraten – dass der Leidensweg Kardinal Mindszentys kein Einzelschicksal darstellt. In allen dem Machtbereich Moskaus nach dem Zweiten Weltkrieg unterworfenen Staaten strebte die Kommunistische Partei die peinlich genaue Kontrolle der Kirchen an, um sie zu unterwerfen und schließlich auszurotten. In Ungarn musste der Vorsitzende der ungarischen Bischofskonferenz und Vertrauter Mindszentys Monsignore Grösz, Erzbischof von Kalocza, nach einem Jahr seinem Primas ins Gefängnis folgen. Die meisten Klöster wurden aufgelöst, 12.000 Mönche und Nonnen vertrieben.

Die erste Kirchenverfolgung gab es wahrscheinlich in Albanien. Der Erzbischof von Skutari und Primas von Albanien Gaspar Thaci wurde von der Geheimpolizei umgebracht. Vincenc Prennushi, Erzbischof von Durazzo, wurde zu 30 Jahren Zwangsarbeit verurteilt und starb im Februar 1949 durch die Folter. Im Februar 1948 wurden fünf Priester, darunter die Bischöfe Volaj und Gijni, zum Tode verurteilt und erschossen. Über 100 Mönche, Nonnen, Priester und Seminaristen wurden hingerichtet oder starben in der Haft. Enver Hoxha, Chef der kommunistischen Partei Albaniens, erklärte 1967 stolz Albanien zum ersten atheistischen Staat der Welt, in dem alle Moscheen und Kirchen abgerissen oder geschlossen wurden, darunter 327 katholische Gotteshäuser. Doch: Mutter Theresa stammte aus eben diesem Albanien.

In Polen begann die Partei 1950 Bischöfe zu inhaftieren. 1953 wurde Bischof Kacmarek zu 12 Jahren Haft verurteilt.

Der Primas von Polen Kardinal Wyszynski wurde interniert. Mehr als 100 Geistliche warf man ins Gefängnis. Aber die Auflösung der Klöster und die Vertreibung der Nonnen und Mönche scheiterten am Widerstand der gläubigen Bevölkerung Polens. Man hatte mit der Deportation der Ordensleute bereits begonnen, musste aber die Aktion stoppen und rückgängig machen.
Wenn ich später mit Ordensschwestern darüber sprach, bekam ich fast überall die schmunzelnde Antwort: *„Ach ja, das war damals, als man uns zur Erholung geschickt hatte."*
In der Tschechoslowakei musste man den geschlossenen Widerstand des katholischen Kirchenvolkes nicht wie in Polen fürchten. So konnten die Machthaber in der Nacht vom 13. zum 14. April 1950 in einer großangelegten Aktion alle Klöster auflösen, die Ordensleute vertreiben oder in Haft nehmen und die Bischöfe unter Hausarrest stellen. Im Juni 1949 war bereits Josef Beran, der Erzbischof von Prag, interniert worden, der von 1942 bis 1945 in Dachau inhaftiert war. 1950 wurden hohe Ordensgeistliche wegen angeblicher Spionage und Vorbereitung eines Staatsstreiches zu hohen Gefängnisstrafen verurteilt. Der Rektor der Prager theologischen Fakultät Mastilak erhielt eine lebenslängliche Haftstrafe.
Der Bischof von Leitmeritz Štěpán Kardinal Trochta wurde im Juli 1954 zu 25 Jahren Gefängnis verurteilt, obwohl er seit 1942 in Theresienstadt, Mauthausen und Dachau inhaftiert worden war. Unser Pfarrer Hermann Scheipers (Schirgiswalde) war mit ihm zusammen im KZ Dachau und hielt danach engen Kontakt mit ihm. Oft besuchte er ihn allein oder in Begleitung kleiner Gruppen. Eine sehr aktive tschechische Christin bildete die lebende Brücke von ihm zu uns und umgekehrt.
Am 06.04.1974 starb Kardinal Trochta nach einem fünfstündigen Verhör. Sein Tod wurde offiziell erst eine Woche später bekanntgegeben.

Heimlich formulierten wir, der Pfarrer und ich, eine Ansprache für die Beerdigung und für eine Kranzschleife, die dann deutsch und tschechisch gemalt wurde. Den Kranz transportierte er im Trabant, die Schleife versteckt in seiner Garderobe. Im Gewand des Domkapitulars, den die Wächter für einen Bischof hielten, gewährte man ihm den Zugang zur Kathedrale. Obwohl jede Rede verboten war, sprach Pfarrer Scheipers als einziger: „Im Namen der Dachauer KZ-Kameraden“. So wagte es doch niemand, ihn zu unterbrechen oder festzunehmen. Die Kranzschleife war in wenigen Stunden von den Geheimpolizisten beschlagnahmt, die flächendeckend als Priester verkleidet an der Trauerfeier teilnahmen.
(Pfarrer Scheipers schildert die Beerdigung ausführlich in seinem im Benno-Verlag erschienenen Buch „Gratwanderungen“.)
Im gesamten Machtbereich Moskaus wurden die unierten (mit Rom verbundenen) griechisch-katholischen Kirchen aufgelöst,

Kardinal Štěpán Trochta

den orthodoxen Kirchen angegliedert und ihre Priester und Bischöfe verhaftet, deportiert oder ermordet. Überall fanden sich unter der Führung der kommunistischen Partei Kollaborateure, die bereit waren, die Kirche und ihre Vertreter mit allen zur Verfügung stehenden kriminellen Mitteln zu unterwerfen und für die Politik der Partei zu instrumentalisieren. Die in allen Vasallenstaaten mit mehr oder weniger Erfolg angewandte Kombination aus Repression, Korruption und Unterwanderung der Kirchenführung schlug in der DDR fehl. Zwar hatten die Machthaber auch hier versucht, die Kirche nach dem bewährten sowjetischen Rezept auszurotten. Am spektakulärsten erschienen die fünfziger Jahre: Am 11. Dezember 1958 fand in Rathenow ein Prozess gegen elf aktive katholische Männer statt, am 17. und 18. Dezember zerrte man vier Jesuiten-Patres vor das Gericht: Pater Menzel, Pater Ruether, Pater Frater und Pater Müldner. Sie wurden zwischen zwei und fünf Jahren verurteilt, wegen angeblicher Spionage, wegen Besitz westlicher Druckerzeugnisse, wegen Fluchthilfe und Abwerbung und Zollvergehen. In den Jesuiten meinte man die gefährlichsten Staatsfeinde unschädlich gemacht zu haben. Die wenn auch immer wieder gestörte, aber nie völlig zerstörte Verbindung zu Westdeutschland schien dem geplanten und präzise vorbereiteten Todesstoß gegen die Kirche im Wege zu stehen. So erfuhr der Vorsitzende der ostdeutschen Bischofskonferenz Alfred Kardinal Bengsch anlässlich seines Antrittsbesuches beim Staatssekretär für Kirchenfragen in Ostberlin unter Verzicht auf jede Form diplomatischer Ausdrucksweise die befohlene Marschrichtung der Partei: Sein Auftrag laute, die kirchlichen Verhältnisse in der DDR nach dem Vorbild der Tschechoslowakei neu zu ordnen. Was das hieß, wusste damals jeder, der Augen hatte zu sehen und Ohren zu hören. Dennoch blieb der SED und ihrem Großen Bruder der Triumph über die Zerschlagung der Kirche versagt.

Die oben genannten Namen können nur beispielhaft für die unüberschaubare Zahl der von den Kommunisten deportierten, gefolterten und ermordeten Christen stehen. Die Kirche des 20. Jahrhunderts wird in die Geschichte als Kirche der Martyrer eingehen.

Kehren wir ins Jahr 1958 nach Nossen zurück.

Beim Schulrat

In einer Unterrichtspause sprach mich Kollege H., der Schulleiter, an, wir sollten morgen früh nach Meißen zum Schulrat kommen. Der Zug geht 7.30 Uhr.
Ich war pünktlich am Bahnhof, erblickte den Kollegen H., wie er nach mir Ausschau hielt, mich aber nicht entdeckte. So wartete ich, bis er einstieg und sprang dann im letzten Augenblick dort auf, wo er mich nicht sehen konnte. In Meißen suchte er mich erst gar nicht, sondern marschierte siegesgewiss los, in der Überzeugung, dass ich nicht mitgekommen sei. Es muss für ihn wie eine Befreiung gewirkt haben, dass ihm die ganze Last abgenommen schien. Das Problem war gelöst, der Parteiauftrag erfüllt. Seine Gedanken konnte ich erraten: Heretsch hat sich in Richtung Westberlin abgesetzt. Nun ist es Aufgabe der Staatsorgane einzugreifen und den Kerl hinter Gitter zu bringen.
Wer war Kollege Schulleiter H.? Er hatte eine eindeutig braune Vergangenheit, war aber in sowjetischer Kriegsgefangenschaft als Teilnehmer der Antifa-Schule rot eingefärbt worden und sah es als seine vordringliche Aufgabe an, in den sogenannten Gewerkschaftsschulungen am Mittwochnachmittag uns den Glauben an das bevorstehende Sowjetparadies einzubläuen.
Ich gestehe, dass es mir Spaß bereitete, unbemerkt hinter ihm herzulaufen und ihm seine Siegesgewissheit bis zum Tor des Kreisratsamtes zu gönnen. Dort erst stand ich urplötzlich neben ihm.
„Guten Morgen, Kollege H.!“
Der Schreck verschlug ihm die Sprache.
„Wo kommen Sie denn her?“
„Sie sind so schnell gelaufen, dass ich Sie nicht einholen konnte“, log ich.

Nun tat er mir fast leid, dass ich ihm sein Kartenhaus zerstört hatte.
Im 1. Stock ließ er mich im Flur stehen und ging zum Schulrat hinein. Nach einer halben Stunde wurde ich hereingerufen, während er draußen blieb. Der Schulrat empfing mich mit kollegialer Freundlichkeit und teilte mir mit, dass meine Kollegen der Überzeugung seien, dass ich aus dem Schuldienst ausscheiden müsse, weil ich dafür ungeeignet sei.
„Darf ich erfahren, wer die Kollegen sind, die mich für ungeeignet halten?“
„Alle.“
„Dann muss ich Sie fragen, welchen Wert eigentlich Examen und Auszeichnungen in unserem Staate besitzen.“
„Wie meinen Sie das?“
„Ich habe die Erste Lehrerprüfung abgelegt, danach die Zweite, danach die Lehrbefähigung bis zur 10. Klasse erworben und alle mit guten Noten. Kürzlich wurde mir wegen guter Leistungen die Pestalozzi-Medaille verliehen. Gilt das alles plötzlich nicht mehr? Oder hat das vielleicht bei uns noch nie gegolten?“
Verlegenes Schweigen.
„Herr Kreisschulrat, wenn Sie mir die Namen meiner Kollegen nicht nennen wollen oder nicht nennen können, dann muss ich annehmen, dass es diese Kollegen gar nicht gibt. Sollte es sie aber wirklich geben, dann frage ich Sie, womit diese ihr Urteil begründen. Nicht ein einziger hat in meinen zwölf Dienstjahren auch nur einmal bei mir hospitiert. Die meisten kennen mich kaum dem Namen nach. Wenn Sie, Kollege Kreisschulrat, auf das Urteil von Lehrern hören, die weder Person noch Gegenstand der Beurteilung kennen, dann kann ich nur staunen. Mit diesen gewissen- und charakterlosen Subjekten werden Sie bestimmt selbständig denkende und verantwortungsbewusst handelnde Staatsbürger erziehen. Ich gratuliere Ihnen dazu!“

Dem vielgeplagten Schulrat waren plötzlich die Argumente ausgegangen. Er stotterte etwas zusammen von „noch nicht ganz aktenkundig“ und entließ mich.
Draußen wartete Kollege H. wie ein treuer Hund auf mich. Schweigend marschierten wir nebeneinander her in Richtung Bahnhof, bis ich selbst wieder Worte fand:
„Sagen Sie mal, was wird denn hier eigentlich gespielt?“
„Ach, weißt'e, du bist in der Kirche, und das ärgert sie.“
Plötzlich überkam mich das Bedürfnis, gegen das kumpelhaft anbiedernde Du zu protestieren und zu fragen, wer denn „die“ sind. Aber ich sagte nichts.

Die Lage spitzt sich zu

Mein Geheimagent wurde immer nervöser und hilfloser.
„Stell dir vor, die Bande hat eine Entschließung verfasst und will bis morgen Mittag unsere Unterschriften haben. Heute konnte ich mich noch mal drücken, hatte Aufsicht, musste schnell weg ... Morgen aber greifen sie mich!“
„Was steht denn drin?“
„Du seist untragbar, weil du dich weigerst, deine Kinder zur Jugendweihe zu schicken. Ferner hättest du erklärt, in der DDR gäbe es keine Religionsfreiheit, und unsre Zeitungen würden lügen. – Und was mache ich nun?“
„Du wirst morgen unterschreiben, ich erlaube es dir! Denn nun hast du schon genug gewagt, dich zu weit aus dem Fenster gelehnt. Jetzt ist es an der Zeit, dass du an deinen Beruf, an deine Stellung, an deine Zukunft denkst. Das kannst du nicht noch aufs Spiel setzen. – Ich bin dir für deine ehrliche Treue zu Dank verpflichtet.“

Der Schauprozess

Mir wurde mitgeteilt, dass ich ab sofort vom Dienst suspendiert sei und am 15.1.1958 um 15.30 Uhr im IfL (Institut für Lehrerbildung) zu erscheinen habe. Es sollte eine „außerordentliche Sitzung des pädagogischen Rates des IfL und der angeschlossenen Übungsschule“ stattfinden, an der auch die Vertreter der Gemeinden, des Rates des Kreises, der Massenorganisationen und „geladene Gäste“ teilnehmen sollten.
Als ich als erster den Saal betrat, stellte ich fest, dass die Tische T-förmig aufgestellt waren. Ich setzte mich an die unterste Kante des T in die Mitte. Rechts und links von mir je ein freier Platz. Als dann die ersten Kollegen eintrafen, wollten sich einige neben mich setzen. Ich warnte:
„Vorsicht! Anklagebank!“
Tatsächlich standen alle sofort auf. Keiner blieb neben mir sitzen.
Vielleicht wäre ich der Wahrheit näher gekommen, wenn ich jedes Mal laut gerufen hätte:
„Vorsicht! Aussatz!“.
Die Wirkung wäre die gleiche. Wenn Lehrer irgendwo zusammenkommen, wird es bald so laut wie in einer Schulklasse ohne Aufsicht, als ob sie sich für das, was sie täglich zu bändigen haben, rächen wollten. Hier blieb es beängstigend still. Murmelndes Geflüster, Hochspannung. Mit mir sprach keiner. Die Ratten verlassen das sinkende Schiff ...

Das Folgende, so hatte ich beschlossen, erzähle ich beim Direktor nicht: Ich hatte meine Aktentasche neben den Stuhl gestellt. Dort lag verstaut meine „Bombe“. Wenn ihr mich abschießt, soll mindestens einer von euch auf dem Schlachtfeld liegen bleiben.

Meine „Bombe“ war ein Exemplar der „Lehrerzeitung“ mit einem Bericht aus einer Thüringer Schule. Eine katholische Lehrerin hatte ihren Pfarrer darüber informiert, was in der Sitzung des Pädagogischen Rates besprochen und welche Maßnahmen gegen die katholische Gemeinde beschlossen worden waren. Wegen Verletzung des Dienstgeheimnisses war sie sofort fristlos entlassen worden.

Von mehreren christlichen Schülern des IfL hatte ich erfahren, dass die Frau des Direktors in ihrem Unterricht mich namentlich als abschreckendes Beispiel nannte, sich auf das stattgefundene Verhör in der Sitzung des pädagogischen Rates bezog und den Schülern aufzeigte, dass man einen Lehrer, der seine Kinder nicht zur Jugendweihe schickt, nicht mehr in der Schule dulden könne. War das kein Bruch des Dienstgeheimnisses?

Beim Stichwort „Schlachtfeld“ tauchte plötzlich der Zweite Weltkrieg in meinem Bewusstsein auf, wo ich mit 16 Jahren an der Ostfront kämpfen musste. Dort hatte ich mir das Ziel gesetzt: Wenn ich jemals lebend aus dieser Hölle herauskomme, dann will ich meine sauberen Finger behalten. Und ich denke, dass es mir gelungen ist.

Jetzt wurde wieder zum Angriff geblasen. Eine Schlacht sollte beginnen. Der Feind war mit fünfzigfacher Übermacht mir gegenüber aufgefahren, und hinter ihm stand die allwissende und allmächtige Partei, die immer recht hatte. „Von der Sowjetunion lernen, heißt siegen lernen.“ Der Ausgang stand von vornherein fest.

Also, allein gegen alle! Was sollte ich tun? Die Flinte ins Korn werfen und mich widerstandslos zermalmen lassen? Nein, das konnte und wollte ich nicht.

Die Alternative: Meiner ohnmächtigen Wut freien Lauf lassen, wie ein Amokläufer voranstürmen, alles niedermetzeln, was im Wege stand? Meine sauberen Finger zogen mich in ihren Bann.

Allein gegen alle? Das stimmte doch gar nicht! Pünktlich um 15.30 Uhr begann in Nossen eine zweite Veranstaltung: Die katholische Gemeinde versammelte sich in der Schlosskapelle zum Gebet. Und sie harrten aus, bis ich zurückkam. „Wo zwei oder drei in meinem Namen versammelt sind, da bin ich mitten unter ihnen“, sagt Jesus. Da erst wurde mir bewusst, dass ich doch nicht allein war, ja dass die viel größere Übermacht auf meiner Seite stand.

„Dass nicht dein Fuß an einen Stein
anstoße und verletzt mög sein“
(Psalm 91)

Das Gefühl der Ohnmacht wich dem Bewusstsein der Überlegenheit. „Aug um Aug, Zahn um Zahn“ wollte in meine Situation nicht mehr hineinpassen. Von da an berührte ich meine Tasche mit der „Bombe“ bis zum Heimweg nicht mehr. Angst und Wut waren einer ausgeglichenen entspannten Ruhe gewichen.
Im Jahre 1942 schrieb A. Schmidt in seiner Todeszelle:

Ob einer mit hölzernen
oder goldenen Figuren ficht,
das entscheidet beim Schachspiel
und auch im Leben nicht.
Wie einer spricht,
wofür er spricht,
darauf kommt es an!
Das zeigt den Mann.

Im Wohnzimmer meines ärgsten Feindes ließ ich die Ereignisse vom 15.1.1958 Revue passieren. Wenn ich sie heute zu

Papier bringe, so kommt mir der Umstand sehr zu Hilfe, dass ich das „Protokoll der außerordentlichen Sitzung des pädagogischen Rates“ vor mir auf meinem Schreibtisch liegen habe, nachdem ich es in meinen Stasi-Akten unverfälscht entdecken konnte. Welch ein Schatz! Der Stasi sei Dank! Geführt und unterschrieben hat das Protokoll die Schulsekretärin Frau B. Auch ihr sei gedankt! Trotzdem kann ich ihr den Vorwurf nicht ersparen, dass sie alle deutlichen Ecken, Kanten und Falten in liebevoller Weise abgeschliffen und ausgebügelt hat, so dass das Protokoll noch heute den Geruch von Friede, Freude, Eierkuchen nicht verloren hat. Typisch Schulsekretärin! Oder wurde der Text nachträglich von der Schulleitung geschönt? Die Frage, was ein Protokoll einer pädagogischen Ratssitzung bei der Stasi zu suchen hat, erübrigt sich.

Verlauf des Prozesses

Nach der Begrüßung durch den Schulleiter H. wurde noch einmal die Tagesordnung bekanntgegeben. Einziger Punkt war: „Das Verhalten des Kollegen Heretsch“. Man hätte hier schon fragen können, was denn die vielen „geladenen Gäste“ in einer Sitzung des pädagogischen Rates zu suchen haben, zumal sie niemand auf ihre Schweigepflicht hingewiesen hat. Aber zum tragenden Fundament stalinistischer Schauprozesse gehören schon wesentlich die Vertreter der Massenorganisationen, um in der Öffentlichkeit größere Wirkung bei der Verbreitung von Angst als Abschreckung erzielen zu können.
Kollege H. erteilte das Wort seinem Stellvertreter Sch., der über die Zusammenarbeit mit Kollege Heretsch sprechen

sollte. Sch. lobte zunächst Heretsch, dass er seine Probleme nicht bei sich behielt, sondern sie mit den Kollegen besprach. Aber er gab die Hoffnung auf, Heretsch von unserer neuen Zeit überzeugen zu können. Es sei ihm als Schulleiter peinlich, dass einer unter den Kollegen war, der nicht mit den Zielen der deutschen demokratischen Schule einverstanden sei. Seine Schule könne dadurch in den Ruf kommen, ein reaktionärer Haufen zu sein. So könne es nicht weitergehen.

Dann ergriff Kollege G., amtierender Schulrat, das Wort. Er habe Mitteilung, dass die Kollegen des IfL mit dem Verhalten des Kollegen Heretsch nicht einverstanden seien. Er habe in Meißen mit Kollegen Heretsch eine Aussprache gehabt, in der Kollege Heretsch geäußert habe, er stünde voll und ganz auf dem Boden der DDR. Aber vom IfL läge der Antrag vor, wonach die meisten Kollegen der Meinung seien, dass ein weiteres Verbleiben des Kollegen Heretsch in seinem jetzigen Beruf unmöglich sei, da Zweifel bestünden, dass Kollege Heretsch die Kinder im Sinne unserer DDR erziehen könne. Wenn verantwortungsbewusste Kader einen solchen Antrag stellen, müssen wir die Voraussetzungen schaffen, dass unsere Kinder so gebildet werden, dass sie später als verantwortungsbewusste Menschen arbeiten können. Heute müsse sich jeder klar entscheiden, zu welchem der beiden Lager er stehe, und die Lehrer als Staatsfunktionäre hätten die Aufgabe, die Menschen aufzuklären. Im Augenblick bestünde für ihn ein Widerspruch zwischen der Haltung und Äußerung des Kollegen Heretsch und der Meinung der hier versammelten Kollegen. Er bitte den Kollegen Heretsch nochmals grundsätzlich Stellung zu nehmen und die Kollegen, offen ihre Meinung zu sagen, wie sie den Kollegen Heretsch einschätzen und ob er weiter Lehrer bleiben könne. Jetzt forderte mich Schulleiter H. zu einer Stellungnahme auf.

Während ich mich erhob, machte ich mir bewusst, dass alles, was jetzt gespielt wurde, reine Schaumschlägerei war. Das Ergebnis stand ja längst fest. Der Gedanke, hier doch nicht allein auf weiter Flur zu stehen, wie es den Anschein hatte, ließ mich innerlich und äußerlich ganz ruhig erscheinen. Ich sprach bewusst langsam:
„Zunächst möchte ich die Aussage des Kollegen Sch. bestätigen. Ja, ich habe oft mit ihm und Kollegen R. in den Pausen Gespräche geführt. Ist das verboten? Ich fand es geistvoll und zeitvertreibend. Und es hat Spaß gemacht. Denksport schadet keinem Menschen, am wenigsten einem Lehrer.
Wenn Kollege Sch. behauptet, ich sei mit den Zielen unseres Staates nicht einverstanden, dann muss ich ihm widersprechen. Zwar habe ich an manche Maßnahmen meine Fragen gestellt. Ich bin ein kritischer Mensch und nehme nicht alles widerspruchslos hin. Aber grundsätzlich stehe ich zu meinem Beruf und zur DDR. Wäre es anders, ich hätte längst den Beruf und das Land wechseln können, wie uns so mancher ehrenwerte Kollege bereits vorgeführt hat. Gelegenheit dazu bot sich in zwölf Jahren genug.“
Nun wandte ich mich an den Schulrat:
„Sie hatten behauptet, dass ein großer Teil der hier anwesenden Lehrer mit mir nicht einverstanden sei. Das befremdet mich, denn die meisten kennen mich überhaupt nicht. Viele wussten bis jetzt nicht einmal meinen Namen. Wie ist es möglich, dass ausgebildete und berufserfahrene Lehrer und Erzieher ein Urteil über einen Kollegen fällen, den sie gar nicht kennen?
Sind das die Vorbilder unserer Jugend? Oder hat einer von Ihnen in den letzten zwölf Jahren schon einmal bei mir hospitiert? Meine Klassenzimmertür stand Ihnen allen jederzeit offen. Ich wüsste nicht, was ich hätte vor Ihnen verbergen sollen.“

Im Raum herrschte beklemmende Stille. Ich schaute den Direktor an:
„In Ihrer Entschließung im IfL machen Sie mir als ersten Punkt den Vorwurf, ich hätte behauptet, ich müsse Gott mehr gehorchen als den Menschen. Das habe ich zwar nicht gesagt, aber ich stehe dazu. Als Sie mich fragten, auf welcher Seite ich stünde, auf der Seite der Kirche oder des Staates, lautete meine Antwort: Ich gehorche meinem Gewissen. Wenn ich nach diesem Bekenntnis als Lehrer nicht mehr tragbar bin, erkläre ich mich sofort bereit, die Konsequenzen zu ziehen."
Jetzt bat der Schulleiter, der Gesprächsleiter, die Kollegen um ihre Stellungnahme.
Der Direktor: *„Kollege Heretsch greift einen Punkt aus der Entschließung heraus. Da muss er auch die anderen kennen."*
Vorsicht! Habe ich mich zu weit aus dem Fenster gelehnt? Ich muss besser auf mich aufpassen!
Der Direktor:
„Wir wollen nicht über Religionsfragen reden. Es geht darum, dass Sie die Meinung vertreten, dass Sie in unserem Staate einmal andere Verhältnisse erleben möchten. Ich weiß nicht, was für Verhältnisse Sie erwarten. Traumgebilde wie in Westdeutschland? Sie sagten, Sie seien sehr kritisch und nähmen nicht alles widerspruchslos hin: Manche Leute stehen allem, was bei uns geschieht, kritisch gegenüber, während dies bei der anderen Seite nicht der Fall ist. Die katholische Kirche hat Adenauers Wahl unterstützt, unseren erbittersten Feind in Westdeutschland. Solchen ‚Sport' lehnen wir ab. Das müssten Sie als Lehrer doch wissen. Wie können Sie Kinder im sozialistischen Sinne erziehen?"
Kollege R.: (an mich gewandt):
„Sie reden hier von Sport. Ein Beispiel: Als der Artikel über Pfarrer Kohl in der Zeitung stand, bezeichneten Sie ihn als Lüge. Bei seiner Verhaftung sagten Sie: ‚Nun, diese Aktion

gegen die Kirche ist ganz gut. Man hat aus früheren Zeiten erheblich gelernt.'"
Bürgermeister B. von Eula:
„Ich wundere mich, dass Herr Heretsch den Ausspruch getan hat: Wer kennt mich hier schon? Es gibt doch sicher eine Gewerkschaftsgruppe, in der alle Kollegen vereinigt sind."

Nun zog er seinen Zettel hervor und las den von der Partei befohlenen Diskussionsbeitrag vor:
„Zum Problem ‚Konterrevolutionärer Aufstand in Ungarn' und ‚Eingreifen der Roten Armee' soll Herr Heretsch sich geäußert haben, das wäre ein Verbrechen gewesen. Wir haben darauf gewartet, dass den Werktätigen in Ungarn von der Roten Armee geholfen würde. – Was sagt Herr H. zur Konterrevolution. Er als Christ müsste doch zu den verbrecherischen Vorgängen Stellung nehmen. Es scheint aber, als würde er nur gegen Dinge, die unseren Staat betreffen, Stellung nehmen."
Ich:
„Man wirft mir Verdrehung der Tatsachen vor. Dem muss ich energisch widersprechen. Wer verdreht denn hier die Tatsachen? Ich habe niemals behauptet, das Eingreifen der Roten Armee wäre ein Verbrechen. Diese Frage habe ich dem Kollegen Kreisschulrat bereits beantwortet.
Wenn hier wirklich jemand behauptet, mich genau zu kennen, dann müsste er auch wissen, welch gutes Verhältnis ich zu den Geistlichen in Nossen habe, und er müsste erfahren haben, dass ich mich ihnen gegenüber mit scharfer Kritik nicht zurückhalte. Ist Kritik nicht oft ein notwendiger Motor, um eine Sache voranzutreiben, macht sie nicht Fortschritt erst möglich?
Kollege B. hat gefragt, welche anderen Verhältnisse ich mir für unseren Staat erhoffe. Hierauf kann ich nur antworten: Ich glaube an die Gerechtigkeit."

Kollege F. [offensichtlich Stasi-Mitarbeiter, Scharfmacher und brutaler Schläger. Seine Frau, Sportlehrerin an der Pestalozzi-Schule, konnte oftmals die Sportkleidung nicht anlegen, damit die von ihm verursachten blauen und blutigen Flecke nichts verrieten.]:
„Es ist ein verhängnisvoller Irrtum zu behaupten, dass wir Sie nicht kennen. Wir kennen Sie sogar schon sehr lange.
[Hier hatte er nicht ganz Unrecht. Die Stasi-Akten weisen aus, dass ich seit 1952 observiert wurde. Aber die für sie nützlichsten Fakten kannten sie trotzdem nicht, zum Beispiel meine ausgedehnte Jugendarbeit, meine intensive Korrespondenz usw.]
Sie verwahren sich gegen den Vorwurf, dass Sie nicht mit allen Maßnahmen unseres Staates einverstanden seien und sagen, dass Sie es in Ihrem Beruf nicht ausgehalten hätten. Darum geht es nicht. Sie diskutieren und meinen es ganz anders. Was wollen Sie denn Ihren Kindern sagen? Sie sind ja als Lehrer gar nicht tragbar. Was haben Sie denn für Ihren Staat getan? Wie haben Sie für Ihre Pioniere gearbeitet? Wer kennt Herrn Heretsch in gesellschaftlichen Dingen?"*
Ich:
„Hier muss ich deutlich Widerspruch einlegen: Vor einiger Zeit erhielt ich eine Prämie mit der Begründung: ‚Herr Heretsch arbeitet aktiv am gesellschaftlichen Leben mit, ist aktiv in der Nationalen Front und bemüht sich, unseren Staat zu verstehen.'
Wenn nach gesellschaftlicher Arbeit gefragt wird, so gehöre ich sicher nicht zu denen, die am wenigsten getan haben. Es liegt mir fern, mich zu rühmen. Wenn mir aber Faulheit und Passivität der Gesellschaft gegenüber vorgeworfen wird, dann muss

---

* Die „Jungen Pioniere" waren die Kinderorganisation der Staatsjugend. FDJ = Freie Deutsche Jugend.

ich wohl der Wahrheit die Ehre geben: Ich gehöre zu den Pionieren der ersten Stunde, denn ab April 1946 habe ich am Wiederaufbau des demokratischen Schulwesens in Bahra bei Riesa gearbeitet. Später habe ich zum Beispiel einen elternlosen Jungen aufgelesen, der weder Angehörige noch Namen noch Gedächtnis hatte. Er ist mein Pflegesohn geworden. Ich gab ihm mit ärztlicher Hilfe Namen und Geburtsdatum und sorgte für einen gültigen Personalausweis. Da er Analphabet war, lehrte ich ihn lesen und schreiben, sorgte für Unterkunft, Arbeit und medizinische Betreuung. Dafür erhielt ich weder ein Honorar, noch irgendeine Unterstützung. Erwarte ich auch nicht. Aber ich vermute, dass jene Kollegen, die behaupten, mich schon lange zu kennen, davon keine Ahnung haben. Dass ich im Auftrag des Amtes ‚Jugendhilfe-Heimerziehung' seit Jahren ehrenamtlich als Jugendhelfer tätig bin, scheint jenen allwissenden Kollegen auch nicht bekannt zu sein. Ich gehe damit auch nicht hausieren. Wer von Ihnen erlebt hat, dass ich eine Bitte um Mitarbeit abgelehnt habe, der möge sich jetzt melden.“

Keine Reaktion!

[Dass ich fast meine gesamte Freiheit der Jugend widmete und dort mehr leistete als alle Anwesenden zusammen, das konnte ich leider hier nicht verwenden.]

Kollege Sch.:

„Nochmals zurück zum Ungarn-Problem: Ob Kollege Heretsch die Äußerung getan hat, der Einmarsch der Roten Armee sei ein Verbrechen, das weiß ich nicht mehr. Aber sinngemäß hat er mir gesagt: Die ehemalige Regierung war noch da, und die Rote Armee marschierte ein. Das war nicht richtig.

Zur Prämie: Ob er die Prämie für gesellschaftliche Arbeit erhalten hat, das weiß ich nicht mehr.“

Frau R. [SED, Elternbeirat] liest ab:

Mit Pflegesohn Klaus

„Herr Heretsch sagt immer, dass er kritische Diskussionen geführt habe. Hat er gesagt, es ist richtig, was der Staat tut, oder hat er seine Kollegen nur aufs Glatteis geführt? Ich verstehe nicht, wie er behaupten kann, er stehe auf der Seite unseres Staates. Hier ist alles unklar."

Kollege H. [mein Kundschafter]:

„Die Elternbeiratsvorsitzende muss doch wissen, ob derartige Äußerungen auch in der Öffentlichkeit und vor Kindern geführt wurden."

Schulleiter H.:
„Kollegin R. ist erst seit September 57 Vorsitzende. Seitdem ist über die Sache noch nicht gesprochen worden."
Bürgermeister B.:
„Ich habe schon manchmal Aussprachen wegen meines Sohnes mit Herrn Heretsch geführt, dass er von ihm nicht richtig behandelt wird, und bestimmt, weil er nicht in den Religionsunterricht gehe. Ich habe beobachet, dass Herr Heretsch früher aus der Schule geht als die Kinder."
Ich:
„Mit wenig Mühe ließe sich noch viel mehr an den Haaren herbeiziehen. Wenn ich an einem Tag nur drei Stunden Unterricht habe, kann ich das Schulgebäude eher verlassen als die Kinder. – Und wenn Ihr Junge sich zu lange beim Essen aufhält, dann muss ich ihn schon mal ermahnen, wenn die nächste Stunde beginnt."
Schulrat G.:
„Zur gezahlten Prämie: Es ist nicht wichtig, wofür die Prämie gezahlt wurde und mit welcher Begründung. Eines dürfen wir nicht vergessen, dass dies 1955 war, während wir heute 1958 schreiben. Wir sind heute politisch weiter und müssen an unsere Lehrer höhere Ansprüche stellen. Mancher ältere Kollege hat ein Anerkennungsschreiben für seine fachliche Arbeit erhalten, obwohl wir mit seiner Einstellung nicht einverstanden waren. Das Entwicklungsgesetz unseres Staates heißt Kritik und Selbstkritik. Es ist gut, wenn Staatsfunktionäre kritisch an die Arbeit herangehen. Es gibt aufbauende und zersetzende Kritik. Gegen die zersetzende Kritik müssen wir vorgehen. Kritik aus Spielerei oder Spaß finde ich komisch. Wir sind doch keine Kinder [an mich gewandt]. Sie sind uns immer noch den Beweis schuldig, dass Ihre Kritik aufbaulich war."
Kollegin Z. [abgefallene Katholikin, Kirchenhasserin, die kaum eine Unterrichtsstunde absolvierte, in der sie nicht we-

nigstens einmal ihr Gift gegen Religion und Kirche ausspucken konnte. Selbst atheistische Schüler machten sich lustig über sie. Ernst nahm sie keiner mehr.]:
„Ich bin auch kritisch. Aber ich bin enttäuscht, dass über solch ernste Probleme Spaß gemacht wird und sie als Spiele aufgefasst werden. Wenn ich über gewisse Dinge nicht völlig klar bin, gehe ich zu Kollegen, um mir Klarheit zu verschaffen. Wir am IfL ringen täglich um Klarheit mit unseren Schülern. Es ist die Pflicht jedes Katholiken, auch gegen einen Vertreter der Kirche Stellung zu nehmen. Auch bewusste Katholiken können bewusste Staatsfunktionäre sein. – Ich erkenne das Menschliche an, was Sie für den genannten Jungen tun. Aber warum arbeiten Sie nicht auch in der Nationalen Front mit?“
Kollege D. [nicht SED. Aber warum biedert er sich unaufgefordert den Roten an? Hat er bei ihnen Schulden zu begleichen?]:
„Ich finde die Äußerung des Kollegen Heretsch, wie Kollege B. sagte, dass er an eine Gerechtigkeit glaube, für eine Wortspielerei, die ich nicht verstehen kann.“
Ich:
„Was ich in diesem Zusammenhang gesagt habe, hat nicht mit unserem Staat und mit unserer Schule zu tun.“
Kollege Fr.:
„Nun sagen Sie doch endlich Ihre Meinung!“
Ich:
„Ich glaube an eine Gerechtigkeit, wie ich an Gott glaube.
Ich gebe zu, dass ich mit Kollegen R. sehr im Gegensatz stehe, und es hat mich immer gereizt, mit ihm zusammenzustoßen. Wir kamen dann nie an ein Ende.“
Kollege K.:
„Da komme ich nicht mit. Wenn man jemanden reizen will, bitte, mit privaten Dingen, aber nicht auf so ernsten Gebieten.“

Kollege R. [an mich gewandt]:
„Auf die Gefahr hin, dass Sie mich jetzt wieder der Lüge überführen, erkläre ich, dass Sie sich gegen die Paketkontrolle ausgesprochen haben.“
Ich:
„Lieber Kollege R., diesmal muss ich Ihnen recht geben: Sie haben wieder gelogen.“

Damals ging das Gerücht um, R. wäre aktiver SS-Mann gewesen. Man konnte es ihm aber nicht nachweisen. Sein ganzes Verhalten jedoch erhärtete den Verdacht. –
Während ich dies zu Papier bringe, erreicht mich ein Telefonanruf. Eine Stimme, die ich nicht kenne, ein Name, der mir nichts sagt:
„Sie werden sich kaum an mich erinnern. Auf allerlei Umwegen habe ich endlich Ihre Telefonnummer erhalten. Ich bin jetzt 95 Jahre alt und bin froh, es Ihnen sagen zu können: Als Sie in Eula Lehrer waren, habe ich in Ihrer Schulküche gekocht. Vom Küchenfenster aus konnte ich immer wieder beobachten, wie Herr R. Benzin aus Ihrem Motorradtank stahl und in seinen Tank goss. Ich wagte es niemals jemandem zu sagen. Herr R. war ja ein gefährlicher Mann. Aber nun habe ich keine Angst mehr, und so sollen Sie es endlich erfahren, was ich all die Jahre mit mir herumgeschleppt habe.
Übrigens haben wir damals alle bedauert, was man mit Ihnen gemacht hat. Ich denke, die meisten im Dorf standen auf Ihrer Seite. So, nun wissen Sie es!
Aber ich muss Ihnen gleich noch etwas sagen: Sie fuhren zu einem Kirchentag. Wie wir oft geplaudert hatten, erzählten Sie es mir. Damals sagte ich zu Ihnen, dass ich Sie beneide, an so einem Treffen von Christen teilnehmen zu können. Seit mein Mann tot ist, lebe ich ganz allein. Im Westen kenne ich keinen Menschen. Wenn Sie wiederkommen, müssen sie mir davon berichten. In

Gedanken begleite ich Sie. Nach einiger Zeit erhielt ich ein Paket aus dem Westen. Es war das erste meines Lebens. Zu den Leuten, die ich ja gar nicht kannte, entwickelte sich eine feste Freundschaft, die bis zu ihrem Tode dauerte. Sie glauben gar nicht, was das für mich bedeutete! Dafür muss ich Ihnen heute endlich mal von Herzen danken, dass Sie das vermittelt haben.“
Ich kann mich an die damalige Schulköchin nur dunkel erinnern. Was sie berichtete, wusste ich nicht mehr.
Den „überragenden Geist“ des Kollegen R. zu beurteilen überlasse ich dem Leser. Er schien den unfreiwilligen Witz, den er sich eben geleistet hatte, nicht einmal zu bemerken, denn er schlug enthusiastisch weiter auf mich ein:

Kollege R.:
„Ich möchte noch zwei Äußerungen des Kollegen Heretsch nennen: Erstens behauptete er, dass viele Flüchtlingsfrauen ohne Männer im Monat 45 Mark Unterstützung erhielten. Nun wurden diese Frauen vom Arzt arbeitsfähig geschrieben. Und sie bekamen die 45 M nicht mehr. Sie sollten arbeiten. Aber es gibt keine Arbeit. Wenn der 17. Juni nicht gekommen wäre, so wäre es immer noch so.“
Ich:
„Ja, das habe ich gesagt. Und ich habe auch gesagt, dass diesen Frauen nur noch der Selbstmord als Ausweg bliebe. Ich habe Kollege B. beauftragt, mit seiner Partei diese Zustände zu ändern und bedrängte Kollegin D., sich als Mitglied des DFD (Demokratischer Frauenbund Deutschlands) für diese Frauen einzusetzen. Ist das nun zersetzende Kritik? Ich sage Ja! Diese Unmenschlichkeit muss vernichtet werden. Warum üben denn die Genossen der SED nicht diese Kritik? Sehen sie das Elend dieser Frauen nicht?“
Kollege R. [geht gar nicht darauf ein, muss noch weiter demonstrieren, weil er gerade so in Fahrt ist.]

Hier muss ich einfügen:
Als die Aktion lief, dass man den alleinerziehenden Müttern die Unterstützung von 45 M entzog, ging ich am Sonntag am Ende unseres Gottesdienstes nach vorn zum Altar und erklärte der Gemeinde, dass unter uns Frauen sitzen, die ab sofort nicht mehr wissen, womit sie das Brot für ihre Kinder bezahlen sollen. Man hat ihnen den Unterhalt von 45 M monatlich entzogen. Wollen wir sie verhungern lassen? Ich möchte alle bitten, die noch ein Einkommen haben, sich in die Liste einzutragen, wieviel sie bereit sind, monatlich zu opfern. Wenn der Staat es nicht tut, müssen wir es tun. Wir werden diesen Frauen monatlich 45 M oder mehr auszahlen. Und das haben wir dann auch getan.
Danach kam eine Frau in Panik zu mir, weil sie nicht mehr weiter wusste. Sie war allein mit vier Kindern aus Schlesien vertrieben worden. Unterwegs kämpfte sie auf der Flucht verbissen um das Leben des todkranken jüngsten Kindes und schaffte es. Nun wohnte sie fernab in einem Dorfe. Ihre älteste Tochter wurde von der Schule zur Oberschule delegiert und musste im Internat wohnen, weil es keine öffentlichen Verkehrsmittel gab. Im nächsten Jahr kam die zweite Tochter dazu, so dass die Mutter versuchte, mit den vier Kindern in die Stadt Nossen zu ziehen, was ihr auch tatsächlich gelang. So konnte sie ihre Mädchen aus dem Internat zu sich nehmen. Sie lebten in äußerst beengten und primitiven Verhältnissen, aber sie waren als Familie zusammen. Ich hatte selbst nach jahrelangen erbitterten Kämpfen eine kleine Wohnung zugewiesen bekommen, so dass ich dieser Frau mit ihren vier Kindern (Vater war gefallen) meine Dachbehausung überlassen konnte.
Eines Tages bekam diese Frau einen Brief von der Leitung des Internates, sie möchte binnen 14 Tagen die beiliegende Internatrechnung von 2800 M für zwei Schülerinnen bezah-

len. – So viel Geld hatte die arme Frau noch nie gesehen, erst recht nicht besessen. Ich lachte, als sie mir den Brief zu lesen gab: „Schreiben Sie denen eine Karte, dass hier ein Irrtum vorliegen müsse. Das tat sie und bekam prompt die Antwort: hier liegt kein Irrtum vor. Freie Internatsplätze müssten denen zur Verfügung stehen, die sozial schwächer gestellt seien. Da packte mich die Wut. Ich kannte eine Familie W. im Orte, deren Sohn und Tochter gebührenfrei im selben Internat wohnen, um den eigenen Eltern nicht zur Last zu fallen. Der Familienvater (SED) war Direktor der Lichtspieltheater des Bezirks, die Frau (SED) saß an der Kasse des städtischen Kinos.

In meiner Wut schrieb ich einen geharnischten Artikel an die Sächsische Zeitung, die mich vor Jahren zum „Volkskorrespondenten“ ernannt hatte, nachdem sie einige kritische Beiträge von mir abgedruckt hatte.

Wenn es wahr sein sollte, schrieb ich, dass es in der DDR Bürger gäbe, die „sozial schwächer“ leben als eine Kriegswitwe mit vier schulpflichtigen Kindern mit null Mark Einkommen und ohne Arbeit, wenn man die Erziehung, Betreuung und Beköstigung von vier Kindern nicht als Arbeit anerkennt, weil sie niemand bezahlt, wenn es also „sozial schwächere Familien“ gäbe, es wäre eine Schande für die DDR und gereiche zum öffentlichen Ärgernis.

Natürlich druckte die Sächsische Zeitung diesmal meinen Beitrag nicht ab. Dafür fuhr ein schwarzer EMW (Eisenacher Motorenwerk) vor unsere Haustür und holte mich ab. Das Verhör fand im Wagen statt. Ich brachte die hohen Herrn vom Staatssicherheitsdienst dazu, mit mir auf die Schulstraße zu fahren und Frau G. in ihren drei Dachkammern aufzusuchen, die jahrelang meine eigene Behausung waren. Die arme Frau war von dem Überfall so schockiert, dass sie in der Aufregung den Brief der Schule gar nicht finden konnte.

Aber als er zum Vorschein kam, nickten die Herrn sich gegenseitig zu, verabschiedeten sich von der Frau und von mir, fuhren zur Oberschule und veranlassten die Vernichtung der Rechnung samt ihrer Mahnung – stillschweigend.
Und wenn sich damals niemand darum gekümmert hätte, wenn die arme Frau in Ihrer Bedrängnis allein geblieben wäre? Frau G. hätte dies heute nicht mehr berichten können. Sie starb im Jahre 2003 in ihrer Dachwohnung.
In dem Schauprozess brachte ich das Beispiel nicht an, wohl aber beim Gespräch mit dem ehemaligen Direktor.

Kollege R.:
„Sie haben einmal zu mir gesagt, es wäre bei uns schon längst alles besser, wenn nicht an jeder Ecke ein Panzer stünde."
Ich:
„Zügeln Sie mal Ihre krankhafte Phantasie! Es ist ja geradezu beleidigend, mir solch einen Unsinn zu unterstellen und zuzutrauen."
[Nun schaltete sich die Frau des Direktors, Kollegin B., ein.]
Kollegin B:
„Mir gefällt die ganze Diskussion nicht. Es ist ein einziges Hin und Her. Meiner Meinung nach geht es um Dinge, die für Lehrer der sozialistischen Schule wichtig sind, und die müssten geklärt werden. So möchte ich von Ihnen (sie schaute mich an) erfahren, wie Sie zur Jugendweihe stehen."
Ich:
„Positiv."
Kollegin B.:
„Aber Ihre Kinder würden Sie nicht hinschicken?"
Ich:
„Ist die Jugendweihe gesetzliche Pflicht oder ein freiwilliger Akt?"

Kollegin B.:
„Natürlich freiwillig."
Ich:
„Dann würde ich diese Freiwilligkeit für mich in Anspruch nehmen."
Kollegin B.:
„Und warum?"
Ich:
„Weil ich – wenn ich Kinder hätte, diese zu Christen erziehen würde, was mir unsere Verfassung garantiert. – Art. 39,1: ‚Jeder Bürger der Deutschen Demokratischen Republik hat das Recht, sich zu einem religiösen Glauben zu bekennen und religiöse Handlungen auszuüben.'
Die Jugendweihe aber beinhaltet ein Bekenntnis zum Atheismus. Man kann nicht zwei Herren dienen, sich zum Christentum und zum Atheismus bekennen. – Außerdem ist das für mich schwer vorstellbar, weil ich weder verheiratet noch Vater bin."
Kollegin B.:
„Ich bin Lehrerin und stehe hinter jedem Wort, das ich unseren Studenten sage, und ich erziehe meine Kinder im gleichen Sinne. Sie, Kollege Heretsch, halten Unklarheiten in der Schwebe und können somit Ihren Erziehungsauftrag als Lehrer gar nicht erfüllen. Wir müssen als Lehrer alles erkennen, auch die Natur und den Anfang. Unseren Kindern hilft niemand als die Gesellschaft. Es ist doch unmöglich, Kinder zu Dingen zu erziehen, die man selbst nicht glaubt."
Ich [zu Kollegin B.]:
„Sie verlangen von Ihren Genossen, dass sie fest auf dem Boden des Marxismus stehen und meiden jeden Kritischen, der es nicht tut. Ich bemühe mich, nach meinem Gewissen zu leben; darf ich das?"

Kollegin B.:
„Es wird von keinem Genossen verlangt, dass er sofort und widerspruchslos mit allem einverstanden ist und den Mund hält. Ein Christ kann in unserem Staate durchaus leben. Ob er aber als Lehrer und Erzieher tragbar ist, das ist die Frage. Werden Sie Arzt oder sonst etwas, da wird Sie niemand nach Ihrer Gesinnung fragen. Aber als Lehrer ist es anders."
Bürgermeister B. [liest seinen vorbereiteten „Diskussionsbeitrag" vom Zettel ab]:
„Kollege Heretsch ist durch seine Religion überanstrengt. Oft kommt er morgens abgespannt zum Unterricht und bringt dann nicht die notwendige Geduld mit den Kleinen auf. Er ist als Lehrer nicht mehr tragbar."
Kollegin T.:
„Ich habe eine Klasse von Kollegen Heretsch übernommen, die er zwei Jahre geführt hat. Sie ist leistungsmäßig viel weiter als meine Klasse. Kollege Heretsch hat hervorragende pädagogische Fähigkeiten."
Direktor [zu Kollegin T.]:
„Ein Lehrer muss nicht nur Kenntnisse vermitteln. Er muss vor allem auch erziehen. Heute ist es anders als früher. [Er spricht auf das Alter der Kollegin an.] Der Erziehungsauftrag der neuen Gesellschaftsordnung heißt sozialistisch erziehen und bilden."
Kollegin St.:
„Als Lehrer muss man täglich um Klarheit ringen. Mir ist auch manches nicht sofort klar."
Ich:
„Ich danke der Kollegin B. [Frau des Direktors] für ihren Diskussionsbeitrag, möchte aber fragen, ob unsere Verfassung noch Gültigkeit hat."
Direktor:
„Warum stellen Sie diese Frage?"

Ich:

„Wenn sie noch gilt, dann sichert sie jedem Bürger volle Glaubens- und Gewissensfreiheit zu. Und die DDR garantiert allen Bürgern die Ausübung ihrer Rechte. (Art. 19,1). Nach Art. 27/1 hat jeder Bürger das Recht auf freie und öffentliche Meinungsäußerung. Das Recht wird durch kein Dienst- oder Arbeitsverhältnis beschränkt."

Kollegin B.:

„Wo steht es denn geschrieben, dass jeder Lehrer sein müsse?"

Ich:

„Wo steht also, dass Glaubensfreiheit für den Lehrer nicht gilt?"

Direktor:

„Unser Bildungsziel hat sich inzwischen geändert."

Ich:

„Steht im Erziehungsziel, dass wir unsere Kinder religionslos erziehen müssen?"

Kollegin B.:

„Sie möchten die Konfessionsschule bei uns einführen."

Ich:

„Ich lehne jede Art von Konfessionsschule ab (von mir geheuchelt), auch Ihre, die Sie aufbauen möchten, die Bekenntnisschule des Atheismus!

Schon oft habe ich betont, dass ich nichts gegen die Jugendweihe habe. Gerne war und bin ich bereit, dafür zu werben. Warum sollten atheistische Eltern ihr Kind nicht an der Jugendweihe teilnehmen lassen wie christliche Eltern an den kirchlichen Sakramenten. Jedem das seine – suum cuique."

Frau R. [SED]:

„Kollege Heretsch will für die Jugendweihe werben und kann es doch mit seinem Glauben als Katholik nicht vereinbaren. Ich bin der Meinung, er ist als Lehrer nicht mehr tragbar."

Kollegin Z.:
„Man muss als Lehrer für diese Arbeit berufen sein. Man kann wohl kinderliebende Berufe wählen, aber nicht ohne weiteres kinderbildende.“
Frau R. [SED]:
„Wenn es im Lehrkörper derartige Differenzen gibt, wie soll sich das auf die Kinder auswirken? Ist denn Kollege Heretsch überhaupt noch als Lehrer tragbar?“
Direktor:
„Ich bezweifle die Erklärung des Kollegen Heretsch, dass er für den Sozialismus sei. Der Aufbau des Sozialismus erfolgt auf der Grundlage des Marxismus. Das ist eine wichtige Aufgabe, und es gibt nur die eine Möglichkeit.“
Schulrat G.:
„Kolleginnen und Kollegen! Ich bitte darum, dass wir nach zweistündiger Diskussion den Schwerpunkt darauf richten, ob Kollege Heretsch in der Lage ist, seine Schüler richtig zu erziehen.“
Kollege K.:
„Ich denke, Kollege B. (Direktor) hat doch bereits festgestellt, auf welcher Grundlage das Erziehungsmaterial steht. Ich frage darum Kollegen Heretsch, ob er das mit seinem Gewissen vereinbaren und deshalb Lehrer sein kann.“
Ich:
„Es ist noch nicht eindeutig klargestellt, ob ich lehren müsste: Es gibt keinen Gott. In diesem Falle müsste der Satz: ‚Jeder Bürger genießt Glaubensfreiheit.‘ aus unserer Verfassung gestrichen werden.“
Kollege B.:
„Sie nehmen für sich das Recht in Anspruch, von Gott lehren zu können. Uns dagegen sprechen Sie das Recht ab, marxistisch zu lehren und zu glauben.“

Kollegin B.:
„Sie verlangen von uns zu sagen, wenn man Christ ist, kann man nicht Lehrer werden. In der Verfassung steht also ‚Jeder Mensch genießt Glaubensfreiheit.' Ich muss als Mutter meinen Kindern dasselbe erzählen wie den Kindern in der Schule. Kein Mensch verlangt von Ihnen, dass Sie atheistische Propaganda machen. Auf der anderen Seite müssen Sie sich aber klar darüber sein, dass wir unsere Kinder auf Grund der wissenschaftlichen Erkenntnisse bilden und erziehen müssen."
Kollegin Z.:
„Es gibt viele Sekten und Religionsgruppen, die ihrer Sache nachgehen können. Uns interessieren sie nur, wenn sie Einfluss auf das öffentliche Leben nehmen wollen. Man kann nicht Katastrophen auf Gott oder das Schicksal zurückführen wollen, sondern muss nach der wissenschaftlichen Ursache forschen. Es gibt keinen Gott, der Menschenschicksale lenkt oder etwas verhindert. Wäre es nicht wichtiger, als Christ dafür zu sorgen und sich einzusetzen, dass Atombomben abgeschafft werden?"
Ich:
„Kennen Sie eine Person oder Institution, die sich mehr für den Frieden einsetzt als der Papst? Und das ohne Waffen – wenn Sie die traditionelle Schweizer Garde nicht dazu rechnen."
Kollegin K.:
„Es geht uns doch hier nicht um die Frage nach Kirche oder nicht, sondern darum, ob Kollege Heretsch weiter Lehrer sein kann. Er redet von Schule und Gewissenszwang. Er soll hier keinen Denksport treiben, dafür ist die Sache zu ernst."
Schulrat G.:
„Wir müssen endlich zum Abschluss kommen: Soll Kollege Heretsch weiter als Lehrer tätig sein oder nicht?"
Bürgermeister B. [SED]:
„Ich bin dagegen."

Kollegin R. [SED]:
„Ich lehne jede weitere Tätigkeit des Kollegen Heretsch ab."
Kollege H. [mein Kundschafter]:
„Ich bin gegen ein weiteres Verbleiben des Kollegen Heretsch an der Übungsschule. Ich schlage vor, ihn an eine andere Schule mit einem starken politischen Lehrkörper zu versetzen."
Kollegin B.:
„Ich bin dagegen. Ein Kompromiss ist immer falsch. Man kann Eltern einen solchen Lehrer nicht zumuten."
Kollege H.:
„Trotzdem schlage ich vor, Kollegen Heretsch noch eine letzte Chance zu geben und ihn nicht sofort aus dem Lehrerberuf zu entfernen. [Er versuchte verzweifelt, mich noch zu retten.]
Kollegin B.:
„Warum gehen Sie nicht dorthin, wo Sie als Katholik gute Arbeit leisten können?"
Ich:
„Können Sie mir sagen, wo das ist?"
Schulrat G. [bricht die Diskussion ab]

Die Entschließung

Schulrat G.:
„Um endlich zu einem Abschluss zu kommen, schlage ich vor, dass wir jetzt über eine Entschließung abstimmen, die uns hier vorliegt."

Im Protokoll liest es sich so:
„Kollege G. (Schulrat) bringt das Schreiben des IfL vor, in dem auch Kollege H. mit unterschrieben hat und das die

fristlose Entlassung des Kollegen Heretsch fordert."
[Warum wurde hier Kollege H. eigens erwähnt? Hat er sich zu weit vorgewagt?]
Zu meiner Rechten saßen drei ältere Kolleginnen Frau T., Frau Sch. und Frau ? – An den Namen kann ich mich nicht mehr erinnern. Sie arbeitete in den letzten Jahren vor der Rente.
Den Inhalt der Entschließung kannten nur die SED-Autoren, der Kollege H. und ich durch ihn.

Ich [flüsterte den drei Kolleginnen zu]:
„Text verlangen! – Text verlangen!"
Schon meldete sich eine zu Wort:
„Ich weiß nicht, vorüber wir abstimmen sollen. Wir kennen ja den Wortlaut gar nicht!"

Hier muss nochmals deutlich gemacht werden, dass dort unter anderem folgende Sätze standen:
„Kollege Heretsch behauptet, in der DDR gibt es keine Religionsfreiheit. Er lehnt die Jugendweihe ab und wünscht sich die Konfessionsschule. Er steht auf der Seite der imperialistischen Kräfte, die die Atombombe herabbeten ... Er bekennt sich zum Neuthomismus."

Schulrat G.:
„Es ist doch allen bekannt, worum es geht."
Ich:
„Ich bitte um die Verlesung der Entschließung!"

[Natürlich wollte und konnte jetzt keiner diesen aus Lügen und Verleumdungen bestehenden Text verlesen. Das ahnten oder wussten sie, dass ich ihnen mit einer Klage vor dem Gericht gedroht hätte.]

Schulrat G.:
„Wir wollen nicht noch mehr Zeit vergeuden. Wir stimmen jetzt ab."
Ich [stand auf]:
„Um Zeit zu sparen, bitte ich um die Verlesung der Entschließung!"
Schulrat G.:
„Jeder weiß doch, worum es geht."
Ich [ohne zu warten, dass mir das Wort erteilt wird]:
„Es ist internationales Recht, dass ein zum Tode Verurteilter sein Urteil verlesen bekommt. Ich scheine der zum Tode Verurteilte zu sein. Darum bitte ich um die Verlesung."
Schulrat G.:
„Seien Sie doch mal vernünftig. Es ist doch alles gesagt."
Ich:
„Wer hier unvernünftig ist, sieht man. [und nun mit voller Lautstärke]:
Darum verlange ich die Verlesung der Entschließung!"

In diesem Augenblick schien Schulleiter H. als Versammlungsleiter die Nerven zu verlieren. Er griff nach dem vor ihm liegenden Papier und wollte gerade mit dem Vorlesen beginnen. Da riss es ihm der Schulrat aus den Händen, zerriss es vor aller Augen und begründete sein Handeln mit den Worten:
Schulrat G.:
„Auf den Text kommt es gar nicht an! Wir stimmen jetzt ab. Wer dafür ist, hebe die Hand!"
Nur die drei älteren Kolleginnen enthielten sich der Stimme. Alle anderen stimmten einem Text zu, den sie gar nicht kannten.
Schulleiter H. gab das Ergebnis wie einen errungenen Sieg bekannt:
„Einstimmig mit drei Enthaltungen!"

Es folgte der obligatorische Beifall.
Gerade wollte Kollege H. die „außerordentliche Sitzung des Pädagogischen Rates“ beenden, da verdarb ich ihm und seinen Genossen das Konzept. Ich meldete mich noch einmal zu Wort:
Ich:
„Ich hätte mal eine Frage: Ist jemand von Ihnen Hellseher?“
Betroffenes Schweigen.
Ich [etwas lauter]:
„Sie haben mich nicht verstanden“.
Ich blickte die Damen und Herren auf der Richterbank scharf an:
„Dann muss ich Ihnen die Frage noch deutlicher stellen:
Ist unter Ihnen ein Hellseher?!“ –
Schweigen.
Verstörtes Umherblicken der Mächtigen. Man konnte es ihren Gesichtern ansehen, was sie jetzt dachten: Nun hat er endlich durchgedreht. Jetzt können wir ihn in die Psychiatrie abschieben. Dann sind wir diesen widerlichen Störenfried los. – Ich genoss diese Minuten ihrer Rat- und Hilflosigkeit und goss noch einmal Öl ins Feuer.
Ich:
„Sie scheinen noch immer nicht verstanden zu haben, deshalb will ich noch deutlicher werden: Sitzt unter Ihnen ein Hellseher?“
Die Verwirrung hatte ihren Höhepunkt erreicht. Aber ich ließ sie noch einige Minuten zappeln.
„Wenn Sie noch nicht verstehen können oder verstehen wollen: Kollege Kreisschulrat: Bin ich also heute schon entlassen?“
Schulleiter H.:
„Nein, das muss noch von der zuständigen Behörde genehmigt werden.“
Ich:
„Es muss sich also unter Ihnen ein Hellseher aufhalten, ein

schlechter. Oder ist er gar kein Hellseher, sondern ein Dieb? Wer ist es, der im voraus gewusst hat, dass ich heute aus dem Schuldienst entlassen werde, obwohl es dann doch nicht stimmte? Wer von Ihnen, meine Damen und Herren, hat ab heute mein Gehalt beschlagnahmt – oder soll ich sagen gestohlen? Alle Hochachtung vor solchen Kollegen und Erziehern! Da kann ich nur gratulieren!"
Schulrat G.:
„Das ist mir nicht bekannt. Ich kann es mir gar nicht vorstellen. Aber ich werde es überprüfen."
Schulleiter H.:
„Die Sitzung ist geschlossen."

Allgemeiner, ziemlich bedrückender Aufbruch.
Ich drängte mich nach vorn, nachdem ich den drei treuen Kolleginnen für ihren Mut gedankt hatte. Gerade konnte ich den Schulrat noch erwischen.
Ich:
„Habe ich Sie recht verstanden: Noch bin ich nicht entlassen?"
Schulrat G.:
„Ja, Sie haben richtig verstanden."
Ich:
„Aber wie komme ich an mein Gehalt? Es war schon auf dem Sparkassenkonto, wurde aber wieder abgehoben. Ich bin auf das Geld angewiesen, denn es muss drei Personen ernähren: meine Mutter, meine Schwester und mich!"
Schulrat G.:
„Wie ich schon sagte, ich weiß nichts davon."
Ich:
„Es ist schon merkwürdig, dass sich jemand Ihre Befugnisse aneignet, und Sie wissen nichts davon!"
Schulrat [an Schulleiter H.]:
„Wissen Sie etwas davon?"

H. [unsicher, zusammenstotternd]:
„Ich habe das Geld sichergestellt – falls Kollege Heretsch Republikflucht begeht, damit das Geld nicht …“
Ich:
„So, da sind Sie also der Kollegendieb!“
Schulrat G.:
„Ich verlange von Ihnen, dass dies sofort in Ordnung gebracht wird und dass das Geld auf dem schnellsten Wege wieder auf dem Konto erscheint.“
H.:
„Jawohl - Aber ich wusste ja nicht. -“
Ich:
„Lieber Kollege H.! Bis das gestohlene Geld wieder in meinen Händen ist, werden Sie mich ernähren. Sagen Sie Ihrer Frau, dass wir uns – meine Mutter, meine Schwester und ich – ab heute abend mit bei Ihnen einladen. Wir sind aber sehr wählerisch und sehr anspruchsvoll!“

Ich musste an seine trostreichen Worte auf dem Weg zum Meißner Bahnhof denken: Weist'e, die haben etwas gegen dich, weil du zur Kirche gehst.

Wenn ich auf diesen Schauprozess zurückblicke, so fällt mir immer wieder ein, wie angstfrei ich ihn erlebte, ja fast hätte man sagen können, es hat auch eine Menge Spaß gemacht. Auf dem Heimweg ging ich zu unserer Kapelle ins Nossener Schloss. Dort berichtete ich den ausharrenden Betern vom Verlauf und bedankte mich herzlich für ihre geduldige Treue. Am nächsten Tag begegnete ich auf dem Markt einem von meinen Kollegen. Ich wusste, dass er kein Kommunist war und dass wir oft gemeinsam gelästert und gelacht hatten. Jetzt kam er auf mich zu und streckte mir die Hand entgegen. Ich ging an ihm vorbei, als sähe ich ihn nicht.

Diese sehr persönlichen Erlebnisse erzählte ich meinem ehemaligen Direktor und seiner Frau nicht. Ich hatte den Eindruck, dass sie vieles davon stark beeindruckte und belastete. Aber ganz wollte und konnte ich ihnen das alles nicht ersparen. Sie saßen mehr und mehr verkrampft auf ihren Stühlen. Sollte ich die „Vorstellung" beenden? War es nicht schon genug? Zwei Ereignisse meinte ich ihnen noch zumuten zu müssen, Ereignisse, die sie vermutlich nicht wissen konnten.

Die Entlassung

Der Schauprozess, dessen Ausgang von vornherein feststand, fand am 15.1.1958 statt. Bald danach erhielt ich eine Vorladung, ich sollte mich am 24.1.1958 im Landratsamt beim Rat des Kreises Meißen melden. Diesmal fuhr ich ohne die Begleitung des Schulleiters H. Drei Herren erwarteten mich: der stellvertretende Vorsitzende des Rates des Kreises, der Vertreter der Gewerkschaft und der schon bekannte Schulrat. Sie teilten mir mit, dass ich auf Antrag meiner Lehrerkollegen mit Wirkung vom 24.1.1958 aus dem Dienst der deutschen demokratischen Schule ausschied. Einer der Herren fühlte sich veranlasst, mir zum Schluss noch eine „Predigt" zu halten, in der er mich aufforderte, mein ganzes Leben lang mich der DDR dankbar zu erweisen, die mich zum Lehrer ausgebildet hat. Ich erwiderte, dass *ich* studiert habe, nicht die DDR.

„Und wenn hier von Dankbarkeit die Rede ist, so möchte ich fragen, in welcher Weise die DDR mir ihre Dankbarkeit er-

weist, nachdem ich ihr 12 Jahre eifrig, fleißig und uneigennützig gedient habe.“
„Wenn Sie in Zukunft irgendwelche Konflikte mit Behörden haben sollten, können Sie sich jederzeit vertrauensvoll an uns wenden.“
(Ich fand diese Antwort geradezu tränenrührend.)
„Damit ist unsere Zusammenkunft beendet.“

Die Herren gingen zur Tür und öffneten sie für mich. Ich aber blieb sitzen. – Peinliche Situation.
Erstaunt fragender Blick.
„Ich warte noch auf meine Entlassungspapiere.“
„Das ist hier nicht üblich.“
„Aber bei mir!“
„Die können wir Ihnen nicht ausstellen.“
„Dann muss ich solange warten, bis Sie das können. Ich bleibe hier auf diesem Stuhl sitzen, bis ich meine mir zustehenden Papiere in der Hand habe. Wenn Sie mich loswerden wollen, müssen Sie mich mit dem Stuhl raustragen!“

(Ich hielt mich am Stuhl fest.) Die Spannung wuchs, aber ich blieb seelenruhig sitzen. – Warum machen die das? Um mir keine Hilfe bei einer Anstellung in Westdeutschland zu leisten? Gibt es hier überhaupt keine gültigen Gesetze mehr? – Bin ich absolut recht- und schutzlos? – Dann wollte ich es diesen Handlangern der ungerechten Gewalt so schwer wie möglich machen. Ich hielt durch, bis einer der hilflosen Herren eine Sekretärin mit Schreibmaschine hereinholte und ihr folgenden Text diktierte:

Rat des Kreises Meißen

Meißen, den 24. Jan. 1958

Abt. Volksbildung

An den Kollegen Erwin Heretsch

Betr.: Disziplinarverfahren auf der Grundlage der Disziplinarordnung

Wie Ihnen bereits mündlich eröffnet wurde, verfügte der Stellvertreter des Vorsitzenden des Rates des Kreises Meißen, Herr Rose, auf der Grundlage der Disziplinarordnung vom 10.3.1955 Ihre fristlose Entlassung. Sie scheiden demnach mit Wirkung vom 24.1.58 aus dem Dienst der deutschen demokratischen Schule aus.

Unterschrift
Abteilungsleiter

Als dieses Papier ausgehändigt war, ging ich grußlos, blieb aber in der Tür noch einmal stehen:

„Das war eine Dienstreise. Wer zahlt mir die Reisekosten? Ich bin arbeitslos."
„Die bekommen Sie unten im Sekretariat."

Zu Hause angekommen, führte mich mein erster Weg zur Telefonzelle. Dort suchte ich den Anschluss des Dresdner Arbeitsgerichtes:
„Hier ist Maier, Meißen. Ein Kollege von mir ist fristlos aus dem Dienst entlassen worden. Welche Möglichkeiten hat er jetzt noch?"
„Wie lautet die Begründung?"

„Disziplinarverfahren auf der Grundlage der Disziplinarordnung."
„Nach einem Disziplinarverfahren stehen ihm keine rechtlichen Möglichkeiten mehr zur Verfügung."
So, dachte ich, das hat die Bande aber geschickt eingefädelt. Nun war ich offiziell aller Rechte beraubt, obwohl ich nie etwas von einem „Disziplinarverfahren" gehört oder gesehen hatte.
Jemand riet mir, trotzdem Einspruch zu erheben. Ich glaubte nicht daran, wollte aber keine Gelegenheit verpassen, doch noch etwas zu retten, und schickte den Einspruch nach Meißen. Fünf Wochen später bekam ich folgende Antwort:

> *Der Rat des Kreises ist der Meinung, dass die vom Stellvertreter des Vorsitzenden des Rates des Kreises, Herrn Rose, unter dem 24.1.1958 verfügte fristlose Entlassung zu Recht erfolgte und beschloss deshalb in seiner Sitzung am 5.3.1958, Ihren Einspruch abzuweisen. Wir machen Sie darauf aufmerksam, dass auf Grund der Disziplinarordnung vom 10.3.1955 § 30,2 die Entscheidung des Rates des Kreises endgültig ist.*
>
> *Unterschrift N.*
> *Vorsitzender des Rates des Kreises Meißen*

Der skrupellose Verräter

Diesen Ausgang konnte ich voraussagen. Nicht ahnen aber konnte man folgendes Ereignis: In den nun kommenden Tagen, Wochen und Monaten hörte man nichts mehr vom

Kreisschulrat G. Er schien vom Erdboden verschwunden zu sein. Die amtlichen Stellen übergingen das Ereignis mit Schweigen. Keine Verlautbarung, keine Pressenotiz. Als ob er nie existiert hätte.
Bis nach Monaten das mysteriöse Rätsel in persönlichen Briefen gelöst wurde: Ich erfuhr, dass Kreisschulrat G. inzwischen wohlbestellter Lehrer des Freistaates Bayern geworden war. Demnach war die erfolgreiche Durchführung des Schauprozesses mit dem erreichten Ziel meiner fristlosen Entlassung seine letzte ruhmreiche Amtshandlung, bei der sein Verrat an dem von ihm so geliebten sozialistischen Vaterland längst geplant und vorbereitet war. Wenn man nun mit diesem Wissen seine großsprecherischen Reden vom sozialistischen Staatsfunktionär, sein wiederholtes Strapazieren des Begriffs „verantwortungsbewusst“, seinen rigorosen Betrug mit dem Durchpeitschen der Abstimmung eines Textes, den die meisten gar nicht kannten, wenn man das alles im Zusammenhang sieht, dann erscheint eine solche Gestalt wie eine echte Symbolfigur für dieses verlogene System, und es fällt einem der alte Spruch ein:

„Die über Nacht sich umgestellt,
die sich zu jedem Staat bekennen,
das sind die Praktiker der Welt,
man könnte sie auch Lumpen nennen.“

Meine westdeutschen Freunde forderten mich auf, gegen den ehemaligen Genossen Kreisschulrat G. in der Bundesrepublik Anzeige zu erstatten. Das lehnte ich ab. *„Ich bin kein Denunziant und kein Richter.“*
„Urteilt nicht, damit ihr nicht verurteilt werdet!“, steht im Neuen Testament.
Mag er glücklich geworden sein. Mit seinem Gewissen muss er leben, nicht ich.

Der Neuanfang

Ich aber fand mich auf der Straße wieder, stand im Regen und wurde mir jetzt erst langsam bewusst, dass ich arbeitslos war. Was nun? Ich war Lehrer, hatte den Beruf erlernt und auch lieben gelernt. Aber einen anderen besaß ich nicht. Meine Schwester hatte sich auf eigene Füße gestellt. Aber meine Mutter und mich musste ich ernähren. Womit? Da es in der DDR keine Arbeitslosen gab, existierte auch keine Arbeitslosen-Unterstützung. Rücklagen, Ersparnisse, Besitz, Einkünfte gab es nicht. Das hatte der Krieg alles vernichtet. Vater war in Sibirien umgekommen. Aus der oberschlesischen Heimat waren wir vertrieben. Eine neue Heimat konnte der Sozialismus nicht anbieten. Merkwürdig: Angst, Panik, Verzweiflung stellten sich nicht ein. Aber Briefe kamen in Fülle, von Freunden und Bekannten, auch anonyme, alle wohlwollend, Mut machend, tröstend, obwohl ich gar keines Trostes bedurfte. Und überall lag ein Schein darin. Ich verdiente keinen Pfennig, hatte aber am Ende des Monats weit mehr als mein Gehalt. Da ich die fristlose Entlassung meinem Bischof meldete, erhielt ich im nächsten Monat bereits eine Anstellung als Katechet im Bistum Meißen. Im nächsten Jahr feierten wir unsere Hochzeit bei Berliner Freunden. Da konnten die Westdeutschen mit Tagesvisum dabei sein. Über Westberlin zog meine Mutter anschließend zur Tochter nach Westfalen.

Ich hatte nach zehnjähriger Antragstellung mit meiner Mutter endlich eine eigene kleine und primitive Wohnung als Lehrer zugewiesen bekommen, in der alle Räume senkrechte Wände besaßen. Indem Mutter zur Tochter zog, konnte meine Frau bei mir einziehen.

Eines Tages erhielt ich vom Bürgermeister der Stadt die Mit-

teilung, dass meine Wohnung beschlagnahmt sei, da die Besitzerin – meine Mutter – Republikflucht begangen habe. Es stellte sich heraus, dass Mutter tatsächlich irgendwann irgendwo in irgendeine Liste ihren Namen unter „Wohnungsinhaber“ eingetragen hatte, ohne dass ich es erfuhr. Mit sozialistischer Freundlichkeit teilte man mir mit, dass ich die Möglichkeit hätte, mich für eine der angebotenen zwei *Wohnungen* zu entscheiden. Ich informierte den Bürgermeister, dass es sich hier um einen Irrtum handelte, da meine Mutter niemals Wohnungsinhaber sein konnte. Sie lebte ja allein von meinem Gehalt. Antwort: Hier liege kein Irrtum vor (sozialistische Staatsorgane irren sich nie!). Sollte ich innerhalb von 14 Tagen nicht ausgezogen sein, würde Zwangsräumung erfolgen.
Die beiden *„Wohnungen“* kannte ich. Es handelte sich um fast unbewohnbare schräge Dachkammern, in denen ich kaum ein Möbelstück hätte unterbringen können.
Heute kann ich es ja freimütig gestehen, dass nach all den Erlebnissen des Machtmissbrauchs meine Hochachtung vor dem Sozialismus und seinen eifrigen Handlangern nicht gerade wuchs. In dieser Situation gehen einem so manche Spottverse durch den Kopf, als ob die Wirklichkeit ihren Wahrheitsgehalt im Eiltempo nachliefern müsste:

Im Kapitalismus herrscht die Ausbeutung des Menschen durch den Menschen.
Im Sozialismus ist es umgekehrt!
Bei Hitler hieß es noch: Du bist nichts, dein Volk ist alles!
Jetzt mussten wir lernen: Die Partei, die Partei, die hat immer recht.

Und wer bei ihr in Ungnade gefallen ist, muss damit rechnen, seine Existenz aberkannt zu bekommen. (Die Historiker

haben nachgewiesen, dass in den Nachkriegsjahren allein in Dresden mindestens 1000 Hinrichtungen stattgefunden haben, mit oder ohne Gerichtsurteil.) Gestern noch Lobeshymnen und Auszeichnungen, heute schon zur rechtlosen Unperson erklärt, die man aus seiner Wohnung jagt. – Drohte mir Bautzen – wie dem DDR-Außenminister Dertinger?
In diese Situation flatterte ein Brief meiner Mutter ein: „Kommt nach dem Westen! Hier ist eine Lehrerstelle mit Wohnung frei geworden!" Welch ein verlockendes Angebot! Diese ekelerregende Atmosphäre hinter sich lassen, einmal frei atmen zu können.
Nein, ich lehnte ab – und habe es nie bereut. Ich sah meine Aufgabe im Osten, und davon ließ ich mich durch nichts abbringen. Damals verkündete ich im Freundeskreis: Für den Fall, dass ich einmal geadelt werde, habe ich schon den Wappenspruch: „Wo du Ärgernis verbreiten kannst, da sollst du Wurzeln schlagen."
Als kirchlicher Angestellter, der überall Lücken zu schließen und Löcher zu stopfen hatte, wurde mir ein Fahrzeug zur Verfügung gestellt. Ein DKW (genannt Dekawuppdich). Holzklasse, dessen Türen vom Fahrtwind aufgerissen wurden, so dass ich vor Antritt der Fahrt beide Türen vor meinem Bauch mit einem Strick zusammenbinden musste. Aber es war ein Auto, und es fuhr! Unter meinen ehemaligen Kollegen war ich der einzige, der ein Fahrzeug hatte. *„Nur kein Neid"*, rief ich ihnen zu. *„Ihr müsst nur arbeitslos werden, dann könnt Ihr auch Auto fahren!"*
Bei einem Vertretungsdienst erreichte mich ein Telefonanruf aus Dresden von der kirchlichen Grundstücksverwaltung:
„Wir haben eine Wohnung für Sie. Wollen Sie sie sich anschauen?"
„Nein."
„Warum nicht?"

„Weil ich sie nehmen muss, ob sie mir gefällt oder nicht. Praktisch stehe ich ja mit meiner Frau auf der Straße."
Ich ging aufs Rathaus.
„Kann ich den Bürgermeister sprechen?"
„Nein, der ist nicht im Haus. Was wollen Sie?"
„Ich möchte eine Anzeige erstatten."
„Worum geht es?"
„Meine Muter ist nach dem Westen abgeworben worden, und ich weiß jetzt auch, von wem."
(Damals wurde „Abwerbung" aus der DDR mit der Todesstrafe bedroht.)
„Von wem denn?"
„Vom hiesigen Bürgermeister."
[schockiert]: *„Wie kommen Sie denn darauf?"*
„Meine Mutter ist Umsiedler" (so verlangte es der damalige Sprachgebrauch), Kriegswitwe, schwer herzkrank, ohne jeglichen Besitz, ohne irgendwelche Einkünfte. Ich kann sie nicht mehr ernähren. Sie hat seit 1945 hier in der Stadt nicht einen einzigen Pfennig Unterstützung oder Rente bekommen. So zwang man sie, dorthin zu gehen, wo sie überleben kann, wo sie ihre Rente und eine Wohnung erhält. Ich beantrage hiermit, den oder die Schuldigen vor Gericht zu stellen und nach geltendem DDR-Recht abzuurteilen."
Der Rathausdame hatte es die Sprache verschlagen. Als sie wieder Worte fand, stieß sie hervor:
„Das muss ich alles dem Bürgermeister melden!
„Ich bitte sehr darum."
Bald fand sie wieder festen Boden unter ihren Füßen, indem sie das Thema wechselte:
„Haben Sie sich die beiden angebotenen Wohnungen angesehen? Welche wollen Sie nehmen?"
„Ich brauche sie nicht anzuschauen. Ich kenne sie."
„Und haben Sie sich entschieden?"

„Ja."
„Für welche?"
„Für keine. – Denn das sind keine Wohnungen, das sind schräge Dachkammern, in denen nicht einmal ein Schrank Platz hat. – Wo leben wir denn? Auf meinem Kalender steht das Jahr 1959 – aber nicht 1945."
„Wenn Sie mit unserem Angebot nicht einverstanden sind, erfolgt Zwangsräumung."
„Ich weiß das zu schätzen: Das ist der würdige Dank dafür, dass ich der DDR treu geblieben bin. Sie werden mit ihren Sozialmaßnahmen schon einen Sozialismus aufbauen. Hoffentlich haben Sie dann noch genügend Bürger, die in diesem Lande leben!"
Ob diese Dame so rot war, dass sie alles glaubte, was sie sprach, konnte man nicht erkennen. Ihre Erregung jedoch steigerte sich noch, und mir machte es Spaß, sie weiter zu reizen.
„Sie weigern sich, unseren Aufforderungen nachzukommen. Unser Staat hat die Macht, Sie zu zwingen."
„Das weiß ich sehr wohl. – Aber ich bin eigentlich hergekommen, um Ihnen ein Geschenk zu überreichen, nicht um Sie zu ärgern: Ich möchte Ihnen drei Wohnungen übergeben: meine, in der ich jetzt lebe, und die zwei, die Sie mir anbieten."
„Wie meinen Sie das?"
„Wie ich's sage."
„Wollen Sie Republikflucht begehen?"
„Ich würde mich hüten, so etwas zu tun. Und wenn ich es plante, würde ich es Ihnen nicht erzählen – Außerdem dürfte ich in diesem Falle längst nicht mehr hier sein."
„Also, was ist mit den Wohnungen?"
„Wie ich es Ihnen bereits sagte, schenke ich der Stadt alle drei, denn ich habe eine Wohnung in Dresden."
„Das müssen wir erst noch überprüfen."
„Tun Sie es! Hier ist die Adresse!"

Bei meinem Bedürfnis, die Vergangenheit lebendig werden zu lassen und dem Drang, in Worte zu fassen, was damals geschah, glitt ich unbemerkt mehr und mehr in einen Monolog. Es musste, wie ich meinte, endlich einmal ausgesprochen, von der Seele geredet werden. So hatte ich kaum wahrgenommen, dass mein Gegenüber unruhig auf seinem Stuhl hin und herrutschte.

Meine Redepause nutzte er, stand auf und kam auf mich zu:

„Wenn ich Ihnen Unrecht getan habe, bitte ich Sie um Vergebung.“

Ich nahm seine Hand, schaute ihm in die Augen und sagte:

„In Ordnung! Das sei Ihnen gewährt.“

Wir sahen uns an.

„Es tut mir leid, ich habe noch einen Termin, an den ich gebunden bin. Ich muss mich leider verabschieden.“

Ich nickte, er ging.

Seine Frau blieb sitzen und kommentierte:

„Er muss zur Parteiversammlung – PDS. – Er kann's nicht lassen.“

Es klang nicht unfreundlich, eher etwas spöttisch, wollte sie sich distanzieren? Ich schmunzelte.

Endlich kam diese Frau auch mal zu Wort:

„Wissen Sie, wir haben den Nationalsozialismus erlebt und wussten von seinen furchtbaren Verbrechen. Mein Mann war Jagdflieger. – So entschlossen wir uns zum Kommunismus in der Überzeugung, nur so mit Hilfe des Antifaschismus das Grauen der Vergangenheit überwinden und einen Neuanfang gestalten zu können. Und das scheint auch verkehrt zu sein. Am schlimmsten schmerzt es uns, dass wir unsere Kinder in diesem Geiste erzogen haben, weil wir überzeugt waren, das Richtige zu tun.“

Zum ersten Mal verspürte ich so einen Hauch von Verständnis für diese Menschen. Ohne Glauben ließen sie sich von der jeweiligen Windrichtung bestimmen, zuerst braun, dann rot, dann ...?

Wer hatte es einmal ausgesprochen: „Humanität ohne Gott führt zur Bestialität"? Immer wieder stieß ich auf den Satz eines Predigers in meiner Kindheit: „Viele Menschen sind nur deshalb böse, weil sie diesen Beruf haben." Wie oft habe ich schon darüber nachgedacht: Aber es gibt auch das Bibelwort: „Ärgernisse müssen kommen. Aber wehe dem Menschen, durch den sie kommen!"
Hätte die Höflichkeit nicht geboten, sich jetzt zu verabschieden? Ich war unschlüssig.
„Darf ich noch etwas bleiben – oder sind Sie in Eile?"
„Bitte, bleiben Sie doch noch!"
Es schien mir ehrlich zu sein, und ich entschied mich zu bleiben, denn es lag noch so viel Unausgesprochenes in der Luft.
„Aber dann müssen wir unbedingt etwas essen. Sie werden ja schon halb verhungert sein. Darf ich Sie gleich mit in die Küche nehmen?"
Wir schnitten und schmierten gemeinsam das Brot, setzten das Teewasser auf, nahmen am Küchentisch Platz und wünschten uns „guten Appetit!" Welch eine seltsame Begebenheit: Ich speise bei und mit meinen ärgsten Feinden. Benutzt die Bibel nicht auch das gemeinsame Mahl als Zeichen, ja als Besiegelung der Gemeinschaft und des Friedens? Pax et communio. Keiner sprach es aus. Aber gespürt haben wir es beide. Denn bald zerbrach sie nach der Einladung zum Essen die zweite Festungsmauer, indem sie sich erstaunlich weit aus der Schießscharte hinauslehnte:
„Ich war gestern beim hiesigen Pfarrer ... Seine Kinder hatte ich ja alle hier in der Schule."

Wenn ich früher schon einmal durch diesen Ort fuhr, verfolgte mich regelmäßig der Gedanke: Wie mag es verbissenen Atheisten gehen, wenn sie täglich einen Kirchturm vor ihrer

Nase sehen müssen, wenn sie nicht die Macht Walter Ulbrichts hatten, ihn wegzusprengen, oder wie in Stalinstadt (später Eisenhüttenstadt) zu verhindern, dass überhaupt einer gebaut wurde?
Wie sagt doch der Pole Jerzy Lec mit seiner spitzen Zunge? – „Wie viele Nachtigallen muss ein Raubtier fressen, bis es zu singen anfängt?"
Hat sie gesagt „ich war beim hiesigen Pfarrer" oder „bei unserem Pfarrer"? Ich fragte nicht nach dem Grund ihres Besuches. Ausgerechnet gestern abend!
Er hat zu mir gesagt: *„In unserem Dorf sind Sie geborgen wie in Abrahams Schoß."*
Ob ich ihr, ihnen beiden schon ein Stück Angst genommen hatte? Ich denke ja, sonst hätte sie es mir nicht erzählt.
Erst Wochen später stellte es sich heraus, dass dieser Pfarrer ein sehr fleißiger Stasi-Spitzel gewesen war.

Nach dem gemeinsamen Abendbrot saßen wir wieder in den Sesseln des Wohnzimmers und erzählten uns gegenseitig die Genesis unseres Lehrerberufes.
Bei ihnen beiden schien es ohne Hindernisse auf das geplante Ziel zuzugehen: Abitur, Studium, Partei, Anstellung ... Kaum Konflikte. Alles nach Plan. Lagen Hindernisse im Weg, räumte die Partei sie weg.
„Und wie verlief Ihr Weg in dem Beruf?"
„Längst nicht so glatt, eher steinig. Manchmal mussten Felsbrocken beseitigt werden. Aber das stärkte die Muskeln der Seele. Nicht wahr, schmunzelte ich, ein bequemer Gegner war ich nicht?"
„Das kann ich bestätigen."
„Und Ihr Mann nennt im Kreisleitungsprotokoll diesen Kerl einen ‚aalglatten Menschen' und warnt ‚vor seinen Ausflüchten'. – Ich kann ihm eigentlich nicht widersprechen."

Nun zu meiner Geschichte

Luftwaffenhelfer Heretsch

Aber wo beginnt sie eigentlich?
Mit 15 Jahren „Luftwaffenhelfer“, mit 16 Einsatz an der Ostfront, mit 17 sowjetische Gefangenschaft. Dort Einordnung in Arbeitsgruppen 1 bis 3. Am Anfang gehörte ich zur Kategorie 2, mit Hilfe des fürchterlichen Hungers rutschte ich in die 3, weil auf dem Skelett kaum noch Fleisch zu tasten war. Die Gelenkknochen der Oberschenkel hatten sich durch die Haut gestoßen und lagen frei. Als das große Sterben begann, jagte man uns mit einem Stückchen Brot aus dem Lager. Arbeitsgruppe 1 und 2 gingen nach Sibirien. Bei der Entlassung wurden wir erstmalig registriert und erhielten ein kleines Stückchen Durchschlagpapier mit einem sowjetischen Stempel. Wir existierten von nun an amtlich. Wohin aber? Schlesien gab es nicht mehr. Ob Eltern und Schwester noch lebten? Keine Nachricht, keine Adresse, keine Auskunft. Ziellos fuhr ich auf Güterzügen durchs Land, überall herumfragend: Gibt es hier Flüchtlinge aus Schlesien? Wie heißen sie?
Einziger Besitz: eine verdreckte und verlauste Uniform. Sonst nichts. – Die Wanzen des Lagers gehörten zur bodenständigen Rasse und waren im Lager zurückgeblieben. Die Läuse sind Nomaden, sie hielten uns die Treue auf all unseren Wegen. In Nossen (in Sachsen) fand ich tatsächlich meine Mutter mit meiner Schwester und einen Kriegskameraden in einer primitiven Dachkammer. Man machte mir Platz,

und ich durfte in einem Bett schlafen, in einem richtigen Bett! Ich meinte, im Paradies zu sein. Jemand klopfte an unsere Dachkammertür: Die Oberschule würde nächste Woche wieder beginnen. Ob meine Schwester nicht kommen wollte. Da sie schon eine Lehrstelle in der Apotheke hatte, schickte meine Mutter mich hin. Dort fand sich ein Sammelsurium von „alten“ Landsern zusammen. Ich war gerade 17. Bücher, Hefte, Lehrmaterial gab es nicht.
Eines Tages hieß es, im Frühjahr findet das Abitur statt. Sofort meldete ich mich von der Schule ab. Der Direktor hielt mich fest.
„Warum gehen Sie ab?“
„Ich muss Mutter und Schwester ernähren.“
„Wie wollen Sie das bewerkstelligen?“
Die einzige Chance bot damals der Wald. –
„Das können Sie immer noch machen. So kurz vor dem Ziel werden Sie doch nicht ausscheren!“
Ob er ahnte, dass ich nur flüchtete? Er übergab mir einen Briefumschlag mit 200,00 M.
„Das können Sie mir zurückzahlen, sobald Sie Geld verdienen.“
Er hatte mich eingefangen. Meine Ausrede galt nicht mehr. Das war der alte Theologie-Professor Segnitz. Also musste ich lernen. Aber wie? Vier Personen in einer Dachkammer. In der Mitte ein ovaler Tisch, dessen Platte auf einem einzigen runden Stempel ruhte und so wacklig war, dass man unmöglich darauf schreiben konnte. Ich besorgte mir zwei Bretter, bastelte eine Klappe, die ich mit zwei Lederresten am Fensterbrett befestigte und mit einem Stock am Boden abstützte – mein Studierzimmer. Wann aber konnte ich lernen? Kaum hatte ich mich zu konzentrieren begonnen, klopfte es an der Tür. Eine Bekannte aus der Heimat, die mit zig Leidensgenossen noch auf dem Stroh der Turnhalle lebte, kam mit dem stereotypen Gruß ins Zimmer. „Wann kommen

wir in die Heimat zurück?“ – Ich verstand die Leute. Meist Frauen, die noch auf die Rückkehr ihres Mannes hofften und auf die gemeinsame Rückfahrt in die Heimat. So gab eine Besucherin der anderen die Klinke in die Hand. Ich war hilflos. Sollte ich sie rauswerfen? Immer die Tür verschließen? Das ging nicht. Draußen hörte man jedes Geräusch von drinnen. Einige Male gelang es uns beim Klopfen, zur Salzsäule zu erstarren, bis die Besucherin den Rückzug angetreten hatte. Wir wagten nicht einmal, richtig zu atmen. Da fiel mir Wilhelm Busch in die Finger, ich kopierte seine Karikatur und hängte sie außen an unsere Kammertür:

„Guten Morgen, Frau Eule,
habt ihr Langeweile?“
„Ja, gerade jetzt,
solange Ihr schwätzt.“

Meine Mutter protestierte, ich setzte mich durch, erkämpfte mir ein wenig Ruhe – natürlich mit der Verärgerung guter Freunde.
Das Undenkbare, das Unfassbare geschah: Ich schaffte das Abitur mit Hängen und Würgen. Wer Eltern, Geld und Klamotten hatte, ging zum „Mulusball“. Wer das alles nicht besaß, wurde ins evangelische Pfarrhaus eingeladen, weil eine Pfarrerstochter mit uns das Abitur gemacht hatte.
An dieser Stelle sei bemerkt, dass oftmals ein Pfarrerskind an unserer Kammertür klopfte und uns einen Korb mit Früchten aus dem Garten brachte. „Mit schönem Gruß von den Eltern.“ – Von den großsprecherischen Kommunisten hat sich niemals jemand um uns gekümmert, wohl aber der evangelische Pfarrer Kohl, zu dessen Gemeinde wir ja nicht gehörten. Für sein soziales Engagement im Sozialismus durfte er dann 3 1/2 Jahre ins Gefängnis.

Bei der Feier in seiner Wohnung fragte uns Pfarrer Kohl alle, was wir nun zu tun gedenken. Einige hatten schon einen Studienplatz. Ich erklärte, dass ich Waldarbeiter würde, denn ich musste ja Vater vertreten, auf dessen Heimkehr wir immer noch hofften.

„Warum melden Sie sich nicht als Neulehrer, nachdem Sie nun schon das Abitur gemacht haben?"

„Diesen Modeberuf? Nein danke!"

„Aber immer noch besser als Waldarbeiter! Sie sollten es wenigstens mal probieren!"

„Ich kann es ja mal versuchen."

Das sagte ich aber nur, um dieses für mich peinliche Gespräch abzubrechen. – Neulehrer? Unmöglich. Das kam für mich nicht infrage. Da musste ich gar nicht lange überlegen. Allerdings entstand damit für mich ein neues Problem: Was sage ich, wenn ich den guten Pfarrer in der Stadt treffe? Er wird mich fragen, ob ich mich schon beworben habe. Einmal traf ich ihn wirklich und musste beschämt meine Untätigkeit bekennen. Das aber passierte mir nicht wieder. Wie ein Luchs passte ich auf, dass ich ihm nicht mehr begegnete. Doch auch dieser ständig gespannte Zustand wurde mir lästig. Also schrieb ich eine Bewerbung nach Meißen, hoffend, dass eine Absage käme. Und meine Hoffnung erfüllte sich: Nach wenigen Tagen kam die Nachricht: „Es besteht kein Bedarf mehr!" Das war wie eine Befreiung. Nun konnte ich mich endlich ohne Schuldgefühle in der Stadt bewegen. Meine Verpflichtung hatte ich ja erfüllt.

Wie es weitergehen sollte, bekümmerte mich nicht. Ich war ja befreit.

An einem Freitagabend platzte ein Telegramm ins Haus: „Bitte Montag 9 Uhr in der Pestalozzi-Schule Meißen melden. Unterschrift Kreisschulrat."

Die Wirkung glich einem Bombeneinschlag. Wir waren alle

Pfarrer Kohl mit Frau, 8 Kindern und zwei Enkeln 1953 vor seiner Verhaftung

gelähmt, schockiert, sprachlos. Als wir langsam wieder den Boden der Realität erreicht hatten, jagte ich meine Mutter zu Nachbarn, um ein Bügeleisen und ein Bügelbrett leihweise zu erbitten. Dann musste sie mir mein einziges und bestes Stück von hässlichen Beulen und Falten befreien: meine nun gefärbte und von den Läusen befreite Uniform.
Ich fand in Meißen die Pestalozzi-Schule und Zimmer 8 im ersten Stock, wie ein Schild am Tor hinwies. Das Klassenzimmer füllte sich mit Männern und Frauen aller Altersschichten. Ich entdeckte in der letzten Bank noch einen freien Platz. An vielen geschorenen Köpfen erkannte ich ehemalige Leidensgenossen aus sowjetischer Gefangenschaft. Als Kreisschulrat Menzel den Raum betrat, stand niemand auf. Zwei Assistenten schleppten die Akten herein und stapelten sie auf den Lehrertisch.

Nachdem er sich vorgestellt hatte, hielt er eine aufregende Ansprache, die in dem Satz gipfelte:
„Wir brauchen keine Lehrer. Die haben wir entlassen. Wir brauchen politische Erzieher! Ich weiß, Sie werden Fehler machen – hoffentlich keine Rechtschreibfehler! –, aber wir vertrauen Ihnen, dass Sie noch viel dazulernen können. Unsere Regierung setzt ein großes Maß an Zuversicht in Sie. Seien Sie sich dessen bewusst, missbrauchen Sie es nicht! Wir legen Ihnen unsere wertvollsten Schätze in Ihre Hände, unsere Kinder. Erweisen Sie sich dieser Aufgabe würdig!“
Dann rief er einen nach dem anderen nach vorn und übergab die Urkunde mit dem Einsatzort und dem Dienstbeginn am 1.4.1946.
„Sie melden sich am Schulort beim Bürgermeister. Der sorgt für Ihre Unterkunft und für einen reibungslosen Verlauf Ihres Dienstes. – Ab 1.4.1946 sind Sie daher im Sächsischen Schuldienst. Ich gratuliere Ihnen dazu und wünsche Ihnen eine erfolgreiche und verantwortliche Arbeit bei der Gestaltung der Zukunft unseres Volkes.“
Mit großer innerer Anspannung verfolgte ich das Aufrufen und die Überreichung der Anstellungsdokumente. Wie wird es mir ergehen? Aber es kam anders. Die letzte Akte war überreicht, ohne dass mein Name genannt worden war. Ich witterte erneut die Freiheit. Man hatte mich sicher vergessen. Welch eine Freude! Ich bin noch einmal davongekommen! Nun möglichst unerkannt hinausschleichen!
Doch der Schulrat war noch nicht fertig.
„Meine Damen und Herren! Denken Sie bitte nicht, wir hätten Sie nach dem Streusandprinzip auf die einzelnen Orte und Schulen verteilt! Wir haben uns sehr ernsthaft überlegt, wohin wir wen schicken können, und das bei jedem einzelnen von Ihnen.“
Er drehte sich um und holte aus seiner Aktentasche noch eine verborgene Akte hervor, rief mich nach vorn und erklärte:

„Herr Heretsch, Sie kommen nach Bahra. Das liegt am Ende der Welt.“, und er überreichte mir das Dokument. Sofort wagte ich die Frage:
„Herr Kreisschulrat, können Sie mir etwas näher erklären, wo ich das Ende der Welt finde?“
Der arme Mann wandte sich hilfesuchend an seine beiden Assistenten:
„Ich glaube, am besten kommen Sie mit dem Schiff hin.“
Ich hörte Schiff und dachte an Hamburg oder Bremen. Woher sollte ich wissen, dass man auf der Elbe mit Schiffen fahren kann. Ich war kein Sachse, lebte erst kurz in diesem Land. Da bot der Schulrat mir eine Lösung an:
„Am besten, Sie kommen nachher in mein Büro, da kann ich Ihnen zeigen, wo Bahra liegt.“
„Das wird nicht nötig sein. Ich finde zu Hause schon Leute, die eine Karte besitzen.“
Nur weg von hier! Von nun an wurden wir Kapitalisten: 250 M brutto. Welch ein Reichtum! Das erste Geld, das wir drei nun nach Kriegsende in der Hand hatten. Und ich fand tatsächlich eine Bahnverbindung von Nossen nach Riesa. In der halben Strecke aussteigen und eine Stunde Fußmarsch.
Der freundliche Bürgermeister sorgte tatsächlich für eine gute Unterkunft und einen Mittagstisch, für den die Lebensmittelkarte abzugeben war.
Dann kam der erste Schultag. Alle Schüler von der 1. bis 8. Klasse hatten sich auf dem Schulhof versammelt. Ein Kollege, etwas älter als ich, kam angeradelt, stellte sich mir vor: „Ich bin sehr froh, dass Sie gekommen sind. Hier haben Sie die Schulschlüssel, hier das Schülerverzeichnis.“ Er überreichte mir eine aus einem Schulheft herausgerissene Doppelseite mit 121 Namen.
„Können Sie mir bitte mal eine einzige Schulstunde vormachen?“, bat ich verzweifelt.

„Ach, das können Sie schon. Wissen Sie, ich habe gestern geheiratet. Darum muss ich sofort zurück."
Er wandte sich den Kindern zu:
„Ihr könnt jetzt alle wieder nach Hause gehen. Morgen früh haben die Klassen 5 bis 8 um 8.00 Uhr Unterricht, die Klassen 1 bis 4 um 10.00 Uhr."
Er reichte mir die Hand, wünschte viel Spaß und Erfolg und war im Nu verschwunden, schneller als die Kinder. Ich stand allein auf dem Schulhof und musste zur Kenntnis nehmen, dass das alles kein böser Traum war, sondern greifbare, wenn auch unbegreifbare Realität.
Mit dem Schulschlüssel öffnete ich meinen „Palast" und inspizierte die Räume vom Keller bis zum Boden. Das einzige Schulzimmer trug noch deutliche Spuren der einstigen roten Befreier. An den Wänden verschmierter Kot im Wechsel mit dort zerschlagenen gefüllten Tintenfässern. Das Lehrerpult auf erhöhtem Podest. An der Wand eine zerschundene Tafel, die viel zu erzählen hätte, zum Beschriften aber kaum noch zu gebrauchen war. Die Bänke aus stabilem Holz mit einer kleinen Vertiefung, in der früher ein Tintenfass gestanden hat. Fußboden pflegeleicht aus Fliesen. Mich schauderte, wenn ich an einen kalten Winter dachte. Aber es gab ja einen reparaturbedürftigen eisernen Ofen, und jede Bank besaß ein stabiles Holzgitter für die Füße der Kinder, das hochklappbar war und sicher ein wenig vor der Kälte schützte.
Hinter der Klasse entdeckte ich ein *Lehrmittelzimmer*, eine Kammer mit uralten Anschauungstafeln und zwei ausgestopften Tieren, einen Igel und einen Eichelhäher. Beide sahen vom Zahn der Zeit schon recht mitgenommen aus. Der Igel hatte manchen Stachel opfern müssen, der Vogel bedeckte mit seinem Federkleid nur noch stellenweise seine Blöße. In der Ecke eine durchaus gebrauchsfähige „Rechenmaschine". Auf zehn stabilen Eisenstäben waren 10 mal 10

Holzkugeln aufgereiht, links die roten, rechts die naturfarbenen. In der Mitte wechselten die Farben. Wunderbar für die ersten Klassen! Ich sah mich schon vor den ABC-Schützen stehen, alle Augen auf mich gerichtet, und ich versuchte, ihnen das Zählen und die Zahlen beizubringen. Kleine Täfelchen mit Buchstaben fand ich im Karton, große und kleine. Ein Extrakarton mit Sütterlinschrift. Ja, ob es vorgeschrieben sein wird oder nicht: Ich werde den Kindern auch die Sütterlinschrift beibringen, damit sie später die Briefe ihrer Oma lesen und beantworten können.
Beim Stöbern in dem teilweise uralten Lehrmaterial machte ich eine zumindest für mich sensationelle Entdeckung: Ich fand einen echten Schatz, den vor mir noch niemand ausgegraben hatte, wie es schien. In einem zugehörigen Koffer befand sich ein Schmalfilmvorführgerät, wie ich es früher als Kind oft in der Schule bewundert und bestaunt hatte. Es besaß nur einen einzigen kleinen Schönheitsfehler: Es war total unbrauchbar. Einer der roten Befreier hatte sich den Spaß gemacht und eine große Flasche Tinte auf das Gerät gegossen. Seitdem fristete es sein Dasein im Schrank unserer Schule, denn niemand hegte die Hoffnung, dieses Wunderwerk noch einmal zum Leben zu erwecken. Zum Glück hatte es auch noch niemand auf den Schrott geworfen. Es reizte mich, den Versuch zu wagen. So habe ich mich darüber hergemacht und jede freie Stunde damit verbracht, es in seine Bestandteile zu zerlegen, jedes Schräubchen, jeden Draht einzeln von der Tinte zu befreien und schließlich wieder zusammenzubauen. Das Unmögliche gelang. Die Maschine lief! Bald erfuhr ich, dass in Lommatzsch eine Medienstelle der Volksbildung Schmalfilme verlieh. Eines Tages veranstaltete ich eine Weltpremiere in Bahra mit mehreren Lehrfilmen, später auch für die Eltern. Welch ein kulturelles Ereignis für das Dorf! Kino in der Schule!

Bei der Inspektion des Schulbodens machte ich noch eine für mich persönlich bedeutsame Entdeckung, die ich geflissentlich geheim halten musste – obwohl sie der Schule zugute kam: Unter einer dicken Schutt- und Staubschicht lagerten mehrere Stöße fest verschnürter Bücher. Noch nie konnte ich an Büchern ungerührt vorbeigehen. Also, aufgeschnürt und nachgeschlagen. Es waren die auf höheren Befehl eingesammelten Lehrbücher der Nazizeit. Für mich von unschätzbarem Wert. Es gab ja noch keine Schulbücher. Also entnahm ich von jeder Sorte und jedem Jahrgang ein Exemplar, riss die Umschlagseite heraus, stopfte sie wieder ins Bündel und hatte für meine Unterrichtsvorbereitungen geeignetes Material, dem man die Quelle nicht mehr ansah.
Das Unterrichten machte täglich mehr Spaß. Ich hatte das Gefühl, von den Kindern geliebt und vom Dorf geachtet zu sein. Auf der Dorfstraße grüßte mich jeder „Guten Morgen, Herr Kantor". Manche nahmen beim Grüßen sogar die Mütze ab, so dass ich es auch tun musste. Ich besaß ja immer noch meine gefärbte Uniform und ein Tirolerhütchen, das mir zu klein war, zumindest aber die an die Gefangenschaft erinnernde Glatze verhüllte. Langsam, sehr langsam wuchsen ja die Haare nach.

Neue Moden

„Wo ist denn Peter?", fragte ich die Klasse.
„Der hat doch heute Schlachtfest, da braucht er nicht zur Schule zu kommen."
Bald klopfte es an der Tür. Ich öffnete und Peter stand da:
„Mit vielen Grüßen von den Eltern", übergab er mir eine

Der Neulehrer mit Mutter und Schwester

Kanne Wurstsuppe und ein kleines Päckchen mit frischer Wurst und Wellfleisch.
Ehe ich „danke“ sagen konnte, war er schon verschwunden. Für die Klasse eine Selbstverständlichkeit, für mich eine Neuentdeckung.
Als ich eines Morgens die erste Stunde beginnen wollte und den Stuhl unter dem Katheder hervorzog, bemerkte ich darauf ein kleines Päckchen. Da war etwas in weißes Papier eingewickelt.
„*Wer hat das hingelegt?*“, fragte ich die Klasse.
Schweigen.
„*Ich zähle bis drei. Wenn sich niemand meldet, nehme ich das zu mir: 1, 2, 3!*“
„*Das sollen Sie ja!*“
Von nun an lag täglich ein kleines Päckchen auf meinem Stuhl. Die „Bäcken“ (Frau des Bäckers) lauerte jeden Morgen einem Schulkind auf und gab ihm das Päckchen „für den Herrn Kantor“. Es waren zwei Semmeln, mit Butter geschmiert und mit Wurst oder Käse belegt. – Es hatte eine Weile gedauert, bis ich den Urheber herausbekam.
Hungerzeit! – Ich hatte in Bahra keinen Hunger mehr.

Abteilungsunterricht

Ich kann nicht behaupten, dass mir das Unterrichten in den Schoß fiel. Aber Spaß hat es gemacht.

> „*Mein Handwerk fällt mir schwer,*
> *drum lieb ich's noch viel mehr.*“

Wie macht man es denn überhaupt, zwei oder gar drei Klassenstufen zu gleicher Zeit in einem Raum zu unterrichten? Niemand war da, der es mir zeigen konnte. In der Stunde musste eine Abteilung in den Lehrstoff eingeführt werden, während die andere das soeben Gelernte übte. Stillbeschäftigung! Das klappt, wenn man die Methode erst mal selbst verstanden und zeitlich gut geplant hat. Meist beansprucht die Vorbereitung mehr Zeit und Energie als die Unterrichtsstunde. Aber die Kinder waren lieb. Die Schule wuchs mehr und mehr zu einer Gemeinschaft zusammen. Bald gab es auch Lehrplan und Hefte. Man hatte endlich ein Geländer, an dem man sich entlanghangeln konnte.

Schloss Hirschstein

Von alters her wurde ein Dorf von einer Handvoll Honoratioren repräsentiert: Der Pfarrer, der Apotheker, der Arzt, der Großbauer, der Schulmeister und der Bürgermeister. Mein Dorf besaß weder Kirche noch Pfarrer noch Arzt oder Apotheker. Es gab nur zwei Autoritäten: den Bürgermeister und den Schulmeister, auch Kantor genannt. Zum Schulsprengel Bahra gehörte das Dorf Hirschstein, das seinen eigenen Bürgermeister besaß. In Hirschstein stand ein Barockschloss, das wohl dem Ort seinen Namen gab, denn es thronte majestätisch direkt hoch aufgerichtet über der Elbe. Seine Mauern hatten schon eine wechselvolle Geschichte erlebt: Im Zweiten Weltkrieg war dort der belgische König interniert. Schloss und Park wurden von der SS hermetisch abgeriegelt. Nach Kriegsende besetzte die Rote Armee das Schloss. Als diese abzog, strömten die in die Umgebung eingewanderten

Flüchtlinge hinein und suchten und fanden Brennmaterial für ihre primitiven Öfen: die Reste der Schlossbibliothek, Originalholzschnitte, Drucke, Möbel, Türen und was sich eben zum Heizen eignete. Mancher Holzschnitt fand eine recht praktische Verwendung als Einzäunung der Enten- und Gänsezucht. Jeder versuchte ja zu überleben.
Als ich diesen Zustand mit eigenen Augen wahrnahm, verfasste ich einen Aufruf, dass alle noch vorhandenen Bücher oder ihre Reste sofort in der Schule abzuliefern seien. Diesen Text musste der Bürgermeister unterschreiben und amtlich stempeln. Die Ausbeute war minimal. Ich kam schon zu spät. Und doch tauchte ein unbezahlbarer Schatz auf: Ein dicker Band deutscher Gedichte. Der Umschlag fehlte bereits, ebenso die ersten und die letzten Seiten mit dem Inhaltsverzeichnis. Was sollt's! Ich hatte eine unüberschaubare Menge deutscher Gedichte, die ich meinen Schülern vorlesen konnte. Die Kinder waren begeistert. Manches schrieben wir ab, damit sie es auswendig lernen konnten. Freudestrahlend teilte ich dem Hirschsteiner Bürgermeister meinen Erfolg mit. Und dies war seine Reaktion:
„Das Schloss kommt weg! Sobald ich das Geld zusammen habe, um das Dynamit zu kaufen, wird es weggesprengt. Wir leben in einer neuen Zeit. Das Schloss ist ein Zeugnis des von uns überwundenen, vergangenen Feudalismus. Damit hat die Arbeiterklasse nichts mehr am Hut.“
Mir verschlug es die Sprache.
„Das geht doch nicht, dass wir die Reste unserer Kultur, die uns der Krieg gelassen hat, in die Luft sprengen!“
„Haben Sie das Geld, ein solches Gebäude zu erhalten? Ich nicht!“
„Und ich werde zu jedem Mittel greifen, um das Schloss unserem Volke zu erhalten!“
Das Hirschsteiner Schloss blieb bis heute stehen. Es dient als

Heilstätte und kann von jedermann am Elbufer besichtigt werden.

Kultur

Der Winter 1946 kam. Gehungert wurde im Dorfe nicht. Aber in der Schule froren die Kinder auf dem gefliesten Fußboden. So konnten sie nicht lernen. Wir brauchten warme Hausschuhe für die Schule. Gab es nicht. Also ließ ich die Kinder Lumpen und Pappe zur Schule mitbringen. Es fanden sich schnell Muttis, die am späten Nachmittag in der Klasse zusammenkamen und Hausschuhe bastelten: Zuerst wurden Sohlen aus Pappe geschnitten und mit Stoffresten umhüllt. Lumpen in Streifen zerlegt, die Streifen zu Zöpfen in verschiedenen Größen geflochten, die Zöpfe auf der Unterseite der Pappsohle befestigt und Oberteile nach selbstgefertigten Schablonen geschnitten und aufgenäht. Fertig war der Hausschuh. Von nun an blieben die Straßenschuhe im Vorraum stehen. Für das Klassenzimmer gab es warme Schuhe. Und niemand fror mehr. Aber einigen Muttis passte es gar nicht, dass das Ziel erreicht, das Werk vollendet und die Bastel- und Plauderstunde nun ausfiel.
Es kam der Advent, es nahte Weihnachten. Mich plagte der Gedanke: Sollte man Weihnachten auch im Dorf Bahra feiern? In Nossen suchte ich Pfarrer Kohl auf: Finden Sie in Ihren Bücherschätzen nicht auch ein Krippenspiel? Wir fanden ein geeignetes. Die großen Schülerinnen mussten es mehrfach abschreiben. Dann begannen die Proben. Die Bastelgruppe der Muttis hatte neue Aufgaben: Kostüme und Kulissen mussten entworfen und geschaffen werden. Es

erwies sich, dass in diesen Frauen kleine Genies steckten, wovon sie selbst keine Ahnung hatten.
Dann kam die Premiere. Das ganze Dorf bebte in gespannter Erwartung. Der Gasthofsaal, seit Jahren nie mehr benutzt, musste zum „Kulturpalast“ umgestaltet werden. Ein erhöhtes Podest war noch vorhanden. Mit einem Strick wurde es vom Zuschauerraum abgetrennt. An dem Seil wurden Bettlaken aufgehängt. Fertig war die Bühne. Werbung erübrigte sich. Dafür hatten die kleinen Künstler ausreichend gesorgt. Eintrittspreis: Ein Stück Kohle oder Holz für den riesigen eisernen Ofen. Termin: 4. Advent. Eine Stunde vor Beginn war der Saal schon überfüllt. Nur die Hälfte fand Platz auf den zusammengebastelten Bänken. Ich tröstete die Enttäuschten, die auch keinen Stehplatz mehr fanden: „Wiederholung am Sonntag nach Weihnachten“. Dann öffnete sich der kostbare (Bettlaken)-Vorhang und gab den Blick frei für einen einsamen Weg zu einem Gasthaus. Herbergssuche! – Ich hatte die Texte überarbeitet und der aktuellen Situation angepasst: „Wir sind allein in dieser Welt, verschlossen ist uns jedes Haus und alle weisen uns hinaus, wer wird uns Herberg geben ...“ Josef und Maria sangen und spielten ihre Rollen nach anfänglichen Hemmungen immer echter. Der eiskalte Saal erwärmte sich zusehends, der eiserne Ofen begann zu glühen. Die Schweißperlen auf den Gesichtern der Zuschauer vermischten sich mit ihren Tränen: Das war doch ihr Kind und das war ja ihr eigenes Schicksal, das sich vor ihren Augen abspielte: Flüchtlinge, Vertriebene, nirgends geduldet, heimatlos, mittellos, rechtlos, hilflos. War es nicht immer noch zu spüren, das Dorf, geteilt in die Einheimischen und in die „Zugereisten“, die Besitzenden und die Besitzlosen? Der Bauernsohn lässt sich vom Flüchtlingsjungen die Hausaufgaben machen – für eine Schnitte Brot –, bis ich ihn erwischte und massiv dazwischenfuhr.

Nach dem Krippenspiel (hinten v.r.n.l. Schülerin, Verfasser, Lehrerin Linke

Das Krippenspiel avancierte zum kulturellen Höhepunkt des ganzen Jahres. Es blieb lange das Dorfgespräch.
In der Nachbarschule in Boritz hatte ein Lehrer auch ein Weihnachtsspiel aufgeführt. Er war sofort fristlos entlassen worden.
Das Zusammengehörigkeitsgefühl zwischen dem Dorf und mir schien zu Weihnachten seinen Höhepunkt erreicht zu haben. Obwohl man mich warnte, konnte ich nicht glauben, dass ich auch Feinde hatte. Ich erlebte nur Wohlwollen, Zuneigung und Freundschaft.

Heimschule

Auf der Dorfstraße sprach mich ein Herr an. Ich kannte ihn nur vom Sehen. Er sei der Vater eines Schülers der sechsten Klasse und er müsse mir endlich sagen: Es sei unmöglich, wie ich die Kinder unterrichte. Das sei unverantwortlich, Kinder diesem Unterricht auszusetzen. Und er nannte mir Fehler, die ich beschämt eingestehen musste, selbst aber nicht bemerkt hatte. – Er sei selbst Lehrer, aber wegen seiner NSDAP-Zugehörigkeit fristlos entlassen worden. Und nun müsse er seinen Sohn diesem unmöglichen unfähigen Lehrer aussetzen ...
Seine Hiebe prasselten nur so auf mich herab, ohne dass ich darauf vorbereitet war.
Als er sein Pulver verschossen zu haben schien, ergriff ich das Wort:
„Ich sehe keinen Grund, Ihnen zu widersprechen. Wenn Sie das alles festgestellt haben – Sie sind der Fachmann -, dann bleibt mir nichts anderes übrig, als Ihnen zuzustimmen. Ich verstehe Sie. Nur, ich habe Sie nicht aus dem Schuldienst gejagt, ich habe mich nicht nach Bahra gemeldet, und ich habe mir diesen Posten nicht ausgesucht. Wir sind beide Opfer des gleichen Schicksals, das wir beide nicht gewollt haben. Sie mussten weichen, und ich musste Lehrer werden – ohne eine einzige Stunde Ausbildung. Darum unterbreite ich Ihnen einen Vorschlag zum beiderseitigen Nutzen: Sie sagen mir, was ich falsch mache, und zeigen mir den richtigen Weg, und ich lerne gutes Unterrichten, und Ihr Junge profitiert davon."
„Mein lieber Herr", entgegnete er von oben herab, *„was man sich in zehn Dienstjahren mit größten Mühen angeeignet hat, das wirft man nicht so ohne weiteres weg. Das sind Berufserfahrungen, die viel zu kostbar sind. Tut mir leid! – Und was meinen Jungen betrifft, den werde ich schon selbst unterrich-*

ten, dazu brauche ich Sie nicht." – drehte sich um und verschwand grußlos. Ende des Gesprächs.
Das schulische Leben normalisierte sich allmählich. Ich bekam eine Kollegin zu Hilfe, eine Kriegswitwe, die mit ihrem kleinen Töchterchen in die Schulwohnung im 1. Stock einzog. Bald stellte sich heraus, dass wir in allen Fragen des Glaubens und der Politik dieselbe Weltanschauung besaßen.
Im Dorf erzählte man sich Gruselgeschichten von einem alten Lehrer, der Jahrzehnte sein Unwesen an dieser Schule getrieben haben soll. Man munkelte hinter der vorgehaltenen Hand von Kindesmissbrauch und zitierte die Parole, die von einer Generation der nächsten weitergegeben wurde: „Macht die Tore zu, der alte Bock ist wieder draußen." Sein Sohn, weit und breit als strammer HJ-Führer bekannt, erklärte stolz, dass er sich berufen und verpflichtet fühle, das Erbe seines Vaters anzutreten. Er war ganz schnell in die SED eingetreten. Die Leute schüttelten den Kopf.
Im Frühjahr 1947 erhielt ich eine Einberufung zu einem vierteljährlichen Ausbildungskurs für Grundschullehrer in Lauba bei Löbau. Mit dem Zug kam man bis Löbau, die restlichen 12 Kilometer wurden gelaufen. Eine ehemalige Gaststätte diente als Lehrerbildungsinstitut. In einem Saal schliefen die Herren, im anderen die Damen: Alle in knarrenden und quietschenden Doppelstockbetten. Hier war Schmalhans Küchenmeister. In der Freizeit schwärmte die gesamte Belegschaft aus, um in den Dörfern der Umgebung etwas Essbares zu ergattern. All diese Beschwernisse aber wogen das Glück nicht auf, dass wir hier tatsächlich etwas lernen konnten, was wir in unserem Beruf dringend brauchten: Pädagogik, Methodik, Psychologie, Stundenvorbereitung, Unterrichten ...
Die Dozenten waren berufserfahrene Lehrer, die nicht nur abstrakte Theorie verkauften, sondern in der Laubaer Dorf-

schule demonstrierten, wie Unterricht stattzufinden hat. Der Direktor, ein weiser Lehrer aus Breslau, stellte uns seine blinde Tochter vor, die uns eine Stunde vorführte, in der sie keinen Schüler sehen konnte und trotzdem die Klasse fest im Griff hatte. Unvergessen bleibt mir bis heute eine Unterrichtsstunde dieses Direktors, in der er seinen geplanten Stoff vermittelte, ohne von Anfang bis Ende ein einziges Wort zu sprechen. Für uns *Lehrlinge* eine Sensation! Dort prägte sich mir die Erkenntnis ein: Was die Schüler denken, sagen oder tun können, das darf der Lehrer weder denken, sagen, noch tun.
Die dargebotene Politik beschränkte sich auf die strikte Ablehnung des Nationalsozialismus und seinen zugehörigen Militarismus. Alle Aussagen gipfelten in dem Slogan: „Wenn ein Deutscher noch einmal zu einer Waffe greift, dann soll ihm der Arm abfaulen." Dem konnte jeder bereitwillig zustimmen.
In der Laubaer Übungsschule bot man uns hervorragend gelungene Hospitationsstunden an und ließ uns einen großen Freiraum beim Entwickeln eigener Methoden.
Ich hatte über manchen Schultüren den von den alten Römern stammenden, kaum noch lesbaren Spruch entdeckt: „Nicht für die Schule, fürs Leben lernen wir." Die Frage, ob wir das auch tun, ließ in mir damals Zweifel aufkommen. Lehren, erziehen wir wirklich für das Leben? Zum Beispiel in Deutsch. Wir bringen den Kindern mit viel Mühe das Lesen bei. Das ist gut und notwendig. Wo und wann aber werden sie das Vorlesen anwenden können? Lesen wir nicht alle Zeitungen und Bücher still? Bei welcher Gelegenheit lernt das Kind in der heutigen Zeit die Inhaltserfassung durch stilles Lesen? So machte ich mich auf und entwickelte Lesemethoden mit dem Ziel, die Kinder durch äußerste Konzentration zu einem nachprüfbaren Verstehen und Aufneh-

men des Textes zu befähigen. Man ließ mir freie Hand bei meinen Experimenten. So konnte ich den Nachweis erbringen, dass der Prozess des Lesenlernens damit beginnt, dass der Schüler alle geistigen und körperlichen Kräfte dabei aktiviert und einsetzt: die Augen, die Ohren, den Mund, die Zunge, die Lippen, die Stimme, das ganze Gesicht, die Finger ... Je weiter der Lernprozess voranschreitet, um so weniger Kräfte verbraucht er. Der perfekte Still-Leser benutzt nur noch die Augen. All die eingesparte Energie wird dann dem Verstehensprozess zugeführt – dem eigentlichen Ziel des Lesens.

Methodisch ging ich so vor: Die Schüler bekamen gedruckte Texte vorgelegt, die sie durchzulesen hatten. An der Tafel stand die Aufgabe: z. B. „Lies Abschnitt 2 und 3 genau durch und schreibe in dein Heft, warum Peter nicht mehr nach Hause kommen wollte." Meist wurde die gelesene Szene dann noch gespielt oder gemalt. Ich beobachtete einige Schüler in ihren Lesebewegungen und registrierte ihre Fortschritte.

Eines Tages beauftragte mich der Direktor, vor der gesamten Belegschaft in einem Vortrag über meine Arbeiten zu berichten und ihm das Manuskript zu überlassen. Der Beifall und die anschließenden Diskussionen gaben mir die Sicherheit, auf dem richtigen Wege zu sein.

Erster Rauswurf

In diese Hochstimmung des ganzen Hauses hinein erhielt ich einen Brief, der wie ein Blitz aus heiterem Himmel einschlug und die gesamte Schule erschütterte: In Abwesenheit

des Kreisschulrates Menzel teilte mir sein Stellvertreter schriftlich mit, dass ich mit dem heutigen Datum aus dem sächsischen Schuldienst entlassen sei und die Heimschule sofort zu verlassen hätte.
Diesen Brief legte ich dem Direktor vor. Der beruhigte mich: *„Wer unsere Heimschule besucht und wer sie verlässt, das bestimme ich. Hier hat Ihr Schulrat nichts zu sagen. – Also, Sie bleiben hier, und ich rufe Ihren Schulrat in Meißen an. - Ein seltsamer Brief! Nicht einmal eine Begründung finde ich."*
Er rief nicht nur an, sondern zitierte den stellvertretenden Schulrat nach Lauba. Dieser kam, und die gesamte Belegschaft drängte sich im ersten Stock an den Fenstern, um zu beobachten, wie unser Direktor unten auf den Schulrat einredete. Man hatte den Eindruck, er verprügelte ihn mit seinen Worten. Nach der Abreise des Schulrates holte mich der Direktor in sein Amtszimmer.
„Sagen Sie mal, stimmt es, dass Sie sich geweigert haben, in Ihrer Schule ein Stalinbild aufzuhängen?" –
Ich musste scharf nachdenken. Von einer solchen Weigerung wusste ich nichts. Aber da fiel mir eine Begebenheit ein, die dazu passte:
„Eine Schülerin der 5. Klasse hatte mich im Unterricht einmal tatsächlich gefragt, ob wir über der Tafel ein Stalinbild aufhängen wollen. Ich hatte ihr geantwortet, dass alle mir bekannten Stalinbilder nur schwarz-weiß wären. Ich wollte aber gerne ein buntes Bild in der Klasse haben. ‚Und das will ich in nächster Zeit sowieso aufhängen. Es zeigt unseren größten Dichter Goethe in Farbe, und das habe ich selber gemalt. Aber dazu werden wir eine Goethe-Feier veranstalten. Vielleicht wird unsere Schule einmal Goetheschule heißen.'"
Ich hatte dieser Szene keine Bedeutung beigemessen, fand jedoch den Vorschlag einer Fünfklässlerin zumindest recht merkwürdig. Aber was erlebt ein Lehrer im Laufe der Jahre

nicht an Überraschungen! Bis ich erfuhr, dass dieses Mädchen die Nichte des Kollegen K. war, der im Dorf nicht hinterm Berge hielt, dass er mich schon verjagen werde, denn die Stelle stehe ihm als Erbe seines Vaters ja zu. Er war sich seiner Machtüberlegenheit sicher, denn – obwohl er HJ-Führer gewesen war, trug er nun das Abzeichen der SED, der „Sozialistischen Einheitspartei Deutschlands“. Und er besaß Zugang zu Wurst, Speck und Schinken, mit deren Hilfe er den stellvertretenden Schulrat bestach, der ihn während meiner Abwesenheit als meinen Vertreter einsetzte.
Ja, mit Speck fängt man nicht nur Mäuse, sondern auch korrupte Persönlichkeiten. Der Schuss ging nämlich nach hinten los: Ich wurde rehabilitiert und wieder in den Schuldienst aufgenommen, der stellvertretende Schulrat aber hatte sich in der eigenen Falle gefangen und flog in hohem Bogen aus dem Dienst – dank dem großartigen Einsatz des Heimschuldirektors - vielleicht ein wenig auch dank der Still-Lese-Methode.
So hatte ich meinen ersten Rauswurf überstanden.

Meine Gastgeberin hatte bis jetzt artig zugehört und kaum einmal eine passende Bemerkung dazu gemacht. Erst jetzt schoss es mir durch den Kopf, wie rücksichtslos ich sie überfordert hatte. Ich war so ins Erzählen geraten, dass ich mein Gegenüber kaum noch wahrnahm. Ich musste mich erst wieder ins Hier und Heute zurückfinden.

Wieder am Steuer sitzend, begann ich damit, das soeben Erlebte zu strukturieren: Was war doch die letzten Stunden alles auf mich eingestürmt? Meine Geschichte und ihre Geschichte, meine Erlebnisse und ihre. Was taucht in einer solchen Situation nicht alles wieder auf, was schon vergessen zu sein schien. Hat es sich eigentlich gelohnt? Entgegen allen Unkenrufen meiner Freunde und Eingeweihten: Der Einsatz hat sich gelohnt! Ein Dreißigjähriger Krieg wurde beendet, der zumindest in mir noch geschwelt hat. Die Wunden meiner erlittenen Kränkungen schienen verheilt, die Wut, der Hass abgeklungen. Und ich hoffe, es ihnen deutlich gemacht zu haben, dass ich nicht an Rache und Vergeltung denke, sondern eher noch an Freundschaft. Keine Macht der Welt wird mich dazu bringen, gegen sie in irgendeiner Weise vorzugehen. Warum sollten aus Feinden nicht Freunde werden können?

Mein geheimer Wunsch ging in Erfüllung: Ich kann jederzeit bei ihnen eintreten und ihnen ehrlich sagen: „Habt Ihr nicht 'ne Tasse Kaffee für mich?"

Im ersten Brief nach meinem Besuch schrieb sie mir: „Unsere älteste Tochter hat eine Anstellung in einem kirchlichen Kinderheim erhalten, obwohl sie keiner Kirche angehört und auch nicht vorhat, wegen des Berufes sich taufen zu lassen. Sie hat es offen erklärt. Trotzdem nahm man sie. Was seid Ihr Christen doch für tolerante Menschen!"

WIDER DAS VERGESSEN

„Das Gedächtnis mag immer schwinden, wenn nur das Urteil sich im rechten Augenblick einstellt“, sagt Goethe.

Meine Erfahrung lehrt mich, dass man mit Hilfe des Erzählens manches Ereignis vor dem Absturz in das Vergessen bewahren kann.
So will ich weiter zu Papier bringen:

Der Schuldienst
(In den Fängen der Stalinisten)

Der vielgeplagte Schulrat befand sich nach dem Verjagen seines Stellvertreters in einer prekären Situation: Von Rechts wegen hätte er den skrupellosen Kollegen K. sofort entlassen müssen. Konnte er aber nicht, denn K. verkörperte im Dorf die omnipotente Macht der Arbeiterklasse, ihr Schwert und ihren Schild. Daran zu rütteln wäre dem guten Schulrat schlecht bekommen. Da er aber K. aus dem Dorf jagen musste, blieb ihm nichts anderes übrig, als uns drei in verschiedene Richtungen zu versetzen. Ich landete in einem Dorf namens Starbach, die Kollegin L. in Rüsseina, auf einem Hügel hinter Starbach gelegen. Im Schulgebäude wohnte im 1. Stock Schulleiter St. mit seiner Familie. Er nahm mich mit einer unvermuteten Freundlichkeit und Kollegialität auf. Wie tat das gut – nach all den durchgestandenen Kämpfen! Freimütig und mit unverhohlenem Stolz berichtete er von seinem Sieg über meinen Vorgänger. „Dieser Taugenichts wollte sich auf unsere neue Zeit nicht umstellen. Ich hatte es mit allen mir zu Gebote stehenden Mitteln versucht. Dann habe ich ihm gehörig Feuer unter dem Hintern gemacht, bis er sich schließlich selbst aufhängte."

Allem Anschein nach erwartete er nun von mir begeisterte Zustimmung und gehörigen Beifall. Ich aber war so schockiert, dass es mir die Sprache verschlug und ich mich mit einem hilflosen Gestammel aus der Affäre zu ziehen versuchte. Das genügte diesem Herrn schon, um allmählich den Spieß umzudrehen und gegen mich zu richten. Er brauchte gar keinen Spieß, denn das war er selbst. Sein letzter Dienstgrad in der deutschen Wehrmacht war Hauptfeldwebel (Spieß).

Es konnte nicht ausbleiben, dass es durchsickerte – er war der einzige Lehrer in Sachsen, der trotz seiner NSDAP-Mitgliedschaft im Schuldienst geblieben war, weil er rechtzeitig das alte Parteiabzeichen mit dem neuen der SED vertauschte. Das Loch am Kragenaufschlag war ja noch vorhanden. Aus dieser Tatsache allein wird schon verständlich, dass ihm ein hundertprozentiger Stalinismus nicht genügen konnte. Ausgestattet mit einer dreifachen Machtfülle setzte er seine Säuberungsaktionen fort, die er vor mir schon mit Erfolg praktiziert hatte: Er war Genosse, Schulleiter und Mentor für alle Neulehrer seines Bezirkes. Die Rüsseinaer Lehrer stellten immer einen Schüler ans Schultor, der sofort melden musste, wenn Herr St. den Weg zur Schule heraufkam.

In Starbach glaubte er, uneingeschränkt über das Dorf herrschen zu können. Und er tat es auch: Niemand durfte mir Quartier oder Verköstigung gewähren, der nicht seine persönliche Erlaubnis eingeholt hatte. Es wagte keiner, dieses Verbot zu missachten. Nur der einzige Gastwirt bot mir täg-

lich ein bescheidenes Mittagessen an, nachdem ich meine Lebensmittelkarten abgeliefert hatte.
Abenteuerlich aber gestaltete sich die Quartierfrage. Nach zahlreichen Ablehnungen durch den Tyrannen wurde mir endlich eine „Wohnung“ zugewiesen, die direkt über einem Schweinestall lag. Vom Stall aus führte eine steile Treppe hinauf in eine Kammer, die nur durch eine an der Decke hängende Glühbirne zu erleuchten war. Ansonsten kam kein Licht hinein, denn das einzige winzige Fenster, durch eine verschiebbare Glasscheibe zu öffnen, lag unmittelbar einer Scheunenwand gegenüber, die man mit Händen greifen konnte. Im Raum befanden sich ein altes Bett, ein Hocker, ein Tisch, ein Stuhl, eine Waschschüssel, ein Eimer und ein kleiner eiserner Ofen. Das Wasser konnte ich im Wohnhaus holen, das Plumsklo erreichte man über den Hof. Die Primitivität dieser Unterkunft störte mich wenig. Ich war durch Krieg und Gefangenschaft an Schlimmeres gewöhnt.
Die Besitzer, arme Häusler, waren nicht unfreundlich, gingen mir aber tunlichst aus dem Wege. Sie trauten mir nicht und waren erfolgreich eingeschüchtert. Wer hatte damals schon Rechte – außer der Besatzungsmacht und ihren eifrigen Helfershelfern?
Die einzige Uhr, die ich besaß, war ein uralter Wecker, der mir nicht gehörte. Irgendeine mitleidige Seele hatte ihn mir geborgt. Er war mein ständiger Begleiter. Er schien sich seiner Unentbehrlichkeit bewusst zu sein, denn mal ging er vor, mal nach, mal ruhte er sich aus und blieb stehen. Das konnte für mich dramatische Folgen nach sich ziehen: Tatsächlich ließ er mich eines nachts im Stich. In fürchterlichem Schrecken erwachte ich. Es war ja immer finster in meiner Kammer. Bei den Wirtsleuten erfuhr ich, dass es schon 8 Uhr war. Schulbeginn! Ungewaschen und unrasiert rannte ich los, von Angst gepeitscht. Was wird er wohl sagen, er, der

von seiner Wohnung aus alles überblicken konnte? Außer Atem kam ich an. Er hatte die Kinder bereits vor dem Schulhaus antreten lassen, wollte sie gerade hineinführen, als ich zu erklären und mich zu entschuldigen versuchte. Nein, kein erwartetes Donnerwetter. Er winkte nur ab, schien gar nicht böse zu sein. Im Gegenteil. Es passte ja sehr gut in seine Strategie, mich zu liquidieren. Und mir war die Aufgabe zugeteilt, ihm dafür die Waffen zu liefern. Das „leuchtende Vorbild" meines Vorgängers immer vor Augen, beschloss ich, mich nicht widerstandslos zum Abschuss freizugeben.
Nach offiziellen Verlautbarungen bestand das Erziehungsziel der demokratischen Schule im Antifaschismus und Anti-Militarismus. In Fortbildungsveranstaltungen brachte man uns bei, wie wir Maßnahmen und Redensarten, die an Militär erinnern konnten, aus dem Schulalltag zu verbannen hatten.
Ein Beispiel: Da wollte ein Lehrer die Aufmerksamkeit der Klasse auf die Tafel lenken und sagte: „Vorn spielt die Musik!" – Er wurde wegen des militaristischen Ausdrucks arg gerügt.
Kollege St. sprach mit den Schülern und mit mir nur im militärischen Ton: *„Sie haben meinen Anordnungen sofort Folge zu leisten, verstanden?"* – Ich stand sofort stramm, knallte die Hacken zusammen und antwortete. *„Jawohl, Herr Hauptfeldwebel."*
Natürlich schäumte er vor Wut, schrie *„Unverschämtheit!"* und stieß Drohungen aus. Hätte ich lieber kuschen sollen?
Unangemeldet platzte er plötzlich in meinen Unterricht herein, die uralte Schildmütze auf dem Kopf, ging durch die Reihen, setzte sich in die letzte Bank, machte sich eifrig Notizen, kicherte mit den Mädchen, störte meinen Unterricht, blieb drei bis vier Stunden sitzen und verschwand, wie er gekommen war, grußlos mit der Schiebermütze auf dem Kopf. Was er zu kritisieren hatte, erfuhr ich nie.

Einmal beorderte er mich in den Abstellraum der Schule, in dem sich ein Wasserhahn über einem Ausguss befand. Der Abfluss war verstopft, und die Jauche mit den Futterresten seiner Enten floss über den Rand.
„Was ist das hier?“, fuhr er mich an.
„Es sind die Futternäpfe Ihrer Enten, die Ihre Frau hier ausspült.“
Wie zu erwarten war, löste diese Antwort bei ihm die nächste Brüllattacke aus, die ich mit Strammstehen und *„Jawohl, Herr Hauptfeldwebel, wie Herr Hauptfeldwebel befehlen.“* beantwortete. Andere Waffen standen mir nicht zur Verfügung.
In einem verschlossenen Brief, den ein Mädchen mir in der Pause heimlich zusteckte, bat eine Mutter mich um einen Besuch nach Einbruch der Dunkelheit. Es war nicht leicht, die Wohnung im Dachgeschoss eines Bauernhauses zu finden. Die gute Frau lebte mit drei Kindern in zwei Kammern. Sie stammte aus Schlesien, wie ich, war katholisch, wie ich und litt unter St., wie ich. Ihr Mann, ehemaliger Gutsinspektor in der Heimat, war von den Russen abgeholt und nach Sibirien verschleppt worden. Zwei ihrer Kinder hatte ich im Unterricht. Eines Tages war Herr St. bei ihr erschienen und hatte ihr erklärt, dass er in nächster Zeit einen Elternabend veranstalten werde, in dem beschlossen werden wird, dass Heretsch für unsere Schule untragbar sei. Der Termin steht noch nicht fest.
„Warum sagen Sie es mir?“, fragte ihn die gute Frau.
„Weil ich möchte, dass Sie Ihren Diskussionsbeitrag dafür leisten.“ Und er übergab ihr einen Zettel, den sie an dem Abend vorzulesen hätte.
Die Frau reichte ihn mir. Ich las:
„Der Lehrer Heretsch ist für den Dienst in unserer Schule völlig ungeeignet. Er kann keine Disziplin halten und die Kinder

lernen bei ihm nichts. Ordnung und Sauberkeit sind ihm fremd. Alle Kinder lehnen ihn ab. Ich beantrage seine Versetzung oder seine Entlassung.“
„*Wie haben Sie darauf reagiert?*“, wollte ich wissen.
„*Ich erklärte ihm, dass ich das ablehnen muss, weil das alles nicht stimmt. Meine Kinder gehen begeistert zu Herrn Heretsch in den Unterricht. Sie schwärmen geradezu für ihn.*“
„*Und er?*“
„*Er meinte, es gehe um unsere demokratische Schule, in der wir solche Lehrer nicht dulden können. Wir brauchen fortschrittliche Lehrer, die unsere Kinder zu friedliebenden Sozialisten erziehen. Herr Heretsch ist ein Taugenichts, das könne er beurteilen, weil er seinen Unterricht eingehend geprüft habe.*“
Die gute Frau gab nicht auf, berief sich auf ihre Erfahrungen, die genau das Gegenteil sagten. Sie sei nicht in der Lage, gegen ihr Gewissen zu handeln, und niemand könne sie dazu zwingen.
Es gehe hier nicht um persönliche Meinungen, sondern um den Frieden, die Demokratie und den Sozialismus, und das haben alle Bürger mit zu erkämpfen. Sollte sie sich aber weiterhin weigern, ihren Beitrag dafür zu leisten, werde er dafür sorgen, dass ihr Mann lebend nicht mehr nach Hause kommt.
Ich war erschüttert. Hatte er denn tatsächlich so viel Macht und Einfluss? Man konnte es bezweifeln. Dass er aber über Leichen ging, hatte er bereits bewiesen. Was sollte diese hilflose und verzweifelte Frau tun? Sie brauchte meinen Rat. Sollte sie sich weiter weigern und das Leben ihres Mannes aufs Spiel setzen?
Ich war schon dabei, ihr zu erlauben, den Zettel vorzulesen, da kam mir der rettende Gedanke:
„*Am Tage des Elternabends schicken Sie einen Brief an Herrn St., dass Sie leider wegen einer schlimmen Erkrankung das*

Bett hüten müssten und an der Elternversammlung nicht teilnehmen können.“
Damit konnte sie sich später retten.
Ich erfuhr offiziell nichts von diesem geplanten Abend, nur heimlich raunte man es mir zu. Da ich entschlossen war, mich diesem Herrn nicht zu beugen, kämpfte ich verbissen weiter. Ich wollte nicht aufgeben. Hatte ich Krieg, Gefangenschaft, Hunger, Vertreibung bisher überlebt, meinte ich, diesen Kampf auch überstehen zu können.
Meinte ich: Aber mein geplagter Körper war anderer Meinung. Obwohl ich in einem Dorf wohnte, musste ich hin und wieder zu meiner Mutter nach dem Städtchen Nossen, um mich mal satt zu essen: „Filz-Faden-Klunker-Suppe“ nannten wir das kulinarische Festessen: Die auf den abgeernteten Feldern gestoppelten Kartoffeln wurden in rohem Zustand mit Schale gerieben und dann mit Wasser in einem großen Topf gekocht. Ein großer Fest- und Freundeskreis konnte sich dann den Bauch vollschlagen – ohne dass dabei der Hunger gestillt werden konnte. Aber es blieb der Gipfel jedes Festes.
Eines Morgens erschrak ich, als ich beim Rasieren in den rahmenlosen Spiegel schaute: Ich sah quittegelb aus. Der Arzt diagnostizierte eine Gelbsucht, etwas höchst Seltenes in dieser Hungerzeit. Die Galle war mir übergelaufen und in den Streik getreten. Bei Muttern wurde die verordnete Bettruhe in Nossen absolviert.
Nach der Genesung und erfolgter Gesundschreibung erschien ich wieder auf meinem Schlachtfeld Starbach. Was würde mich dort erwarten? Ich meldete mich bei meinem Schulleiter, der mich sehr reserviert empfing und in die Klasse führte. Kaum hatte er die Tür hinter sich geschlossen, brach das gut vorbereitete und inszenierte Theater aus. Einige Schüler lachten laut, andere pfiffen, einige stiegen auf die

Bänke und tanzten, einige öffneten die Fenster und sprangen hinaus. Drei große Mädchen gingen zur Tür. *„Was wollt ihr?“*, fragte ich. *„Wir sollen ihn holen, hat uns Herr St. gesagt.“*
Obwohl ich darauf nicht vorbereitet war, blieb ich ganz ruhig, ließ mich zu keiner unüberlegten Handlung provozieren, sah mir das Ganze ein paar Minuten an und verließ die Klasse, traf auf der Treppe die kichernden Mädchen und läutete bei Familie St. Er ließ mich ein, lächelte gönnerhaft und genoss sichtlich seinen Sieg. Ob er jetzt noch auf meinen Selbstmord als krönenden Abschluss hoffte? Bei meinem Vorgänger war es ja auch so gut gelaufen! *„Ich habe Sie schon erwartet. Übrigens, Sie sollen morgen früh um 9 Uhr beim Schulrat in Meißen sein.“* – Der Elternabend war schon gelaufen.
Über diese präzise Planung konnte ich nur staunen. Ich bewunderte ihn, wie erfolgreich er doch von seinen genialen Lehrmeistern Hitler und Stalin gelernt hatte.
Kreisschulrat Menzel fiel keine leichte Aufgabe zu. Er musste die gewaltige Parteidoktrin in den Schulen des Kreises Meißen in die Tat umsetzen. Zu jeder Schulfeier sang der Chor mehrstimmig: „Von Stalin, dem weisen, dem einzig Geliebten, ein uraltes Lied voll Begeisterung klingt ...“
Aber Menzel war zur Nazi-Zeit aus dem Schuldienst geflogen und fand Unterschlupf in der kleinen katholischen Schule in Meißen-Triebischtal. Diese Tatsache hinderte ihn daran, die volle Stoßkraft der Partei und ihres größten Lehrers, Staatsmannes und Feldherrn aller Zeiten, Jóssif Wissariónowitsch Stalin, einzusetzen. Er wusste, dass ich zur katholischen Gemeinde gehörte. So las er mir Stellen aus dem Bericht des Genossen St. vor und forderte mich zu einer Stellungnahme auf. Ich versuchte, mich zu verteidigen und die Geschehnisse so vorsichtig wie möglich klarzustellen. Da ich die Gefährlichkeit dieses Mannes bereits kannte, bemühte

ich mich, nur von mir zu sprechen. Deshalb konnte es nicht ausbleiben, dass ich genau das Gegenteil behauptete, was St. geschrieben hatte.
Menzel beendete die Debatte mit dem gezielten Faustschlag: *„Herr Heretsch, wollen Sie behaupten, Genosse St. lügt?"*
„Das würde ich mir niemals erlauben", entgegnete ich.
„Ich möchte Ihnen noch eine letzte Chance bieten. Ich versetze Sie nach Nossen an die Pestalozzi-Schule. Wenn das wieder nicht klappt, muss ich Sie entlassen."
Aber es klappte großartig: Schulleiter Schmidt war zwar in der „richtigen" Partei, glaubte aber nicht an sie, was damals Seltenheitswert besaß: Er war Mensch geblieben, zog mich ins Vertrauen und deutete mir vorsichtig an, dass er St. kenne. Unter uns im Lehrerkollegium nannten wir ihn liebevoll „Papa Schmidt". Es war ihm gelungen, aus unserem Sach- und Fachkollektiv eine Familie zu schmieden. Die Arbeit machte Spaß, wenn wir erlebten, dass es kein Gegeneinander, sondern nur noch Miteinander gab.
Schmidts menschliche Größe erwies sich am deutlichsten in einer gefährlichen Schulkrise. Eine junge, tüchtige Lehrerin wurde verdächtigt, im Lehrerzimmer und im Sekretariat Geld gestohlen zu haben. Einige Kollegen konnten sie dann auch überführen. Durch irgendeine Unachtsamkeit gelangte das nun bestätigte Gerücht an die Öffentlichkeit – trotz sofort verhängter Schweigepflicht. Just in diesen Tagen war ein großer Schulelternabend angesetzt, der nicht mehr rückgängig zu machen war. Was nun? Wir alle bedauerten Herrn Schmidt. Keiner hätte gern in seiner Haut gesteckt. Er aber leitete den Abend souverän, ohne das in der Luft liegende Problem anzusprechen, bis die Frage aus dem Publikum gestellt wurde. Ohne Hemmungen zu zeigen, hielt er eine Lobrede auf die betreffende Kollegin, die bereits zahlreiche Jahre im Dienste unserer Schule Hervorragendes geleistet

habe und von den Kindern, dem Kollegium und ihm selbst hoch geschätzt wurde. Leider sei eine seelische Krankheit bei ihr ausgebrochen, so dass er gezwungen war, sie in ein Fachkrankenhaus einzuweisen. Wir alle bewunderten diesen Mann.

„Ein guter Feind verlässt dich nie!“, sagt der polnische Dichter Stanisław Jerzy Lec.
Eigentlich war das Kapitel St. für mich längst zu den Akten gelegt und wäre kaum noch erwähnenswert gewesen, hätte nicht eines Tages die Erste Lehrerprüfung angestanden, bei der St. den Vorsitz führte. Die Prüfungskandidaten warteten gespannt im Vorraum und wurden einzeln aufgerufen. Wer zurückkam, wurde mit der stereotypen Frage empfangen: Wie war's? – Merkwürdiger Weise berichteten alle etwa das Gleiche: „Harmlos – das hatte ich mir schwieriger vorgestellt – So leichte Fragen ...“
Dann war ich an der Reihe. Man bot mir den einzigen freien Platz gegenüber der Prüfungskommission an, die aus Herrn St., zwei Beisitzern und einer Protokollantin bestand. Herr St. zog einen vorbereiteten Zettel aus seiner Mappe – ob er es mit den anderen Prüflingen auch so handhabte? – und las vor:
„Kollege Heretsch, sprechen Sie über die Werke von Marx, Engels, Lenin und Stalin und ihre methodologischen Auswirkungen auf den Unterricht in der deutschen demokratischen Schule unter besonderer Berücksichtigung des uns vom Imperialismus aufgezwungenen Friedenskampfes.“
Plötzlich schrie die Protokollantin auf:
„Herr St., bitte noch einmal langsam, ich komme nicht mit!“
Mit Rücksicht auf sie – nicht auf mich! – wiederholte er das Thema noch einmal langsam, vom Zettel ablesend. Im ersten Augenblick war ich erschrocken, aber nicht schockiert oder

gelähmt. So konnte ich mich schnell wieder fassen und ihm die geforderten platten Phrasen hinblättern. Ich wusste ja, was er hören wollte. Ich kam so sehr in Fahrt, dass er mich schließlich stoppen musste. Sein so präzise geplanter und gezielter Schuss ging fehl. Er musste als Vorsitzender der Prüfungskommission die Zensur „gut" mit unterschreiben. Das geschah 1948.

Als erbitterten Feind kann man sich einen treueren gar nicht vorstellen. Wo St. sich einmal verbissen hatte, dort ließ er sein Opfer auch nach Jahren nicht mehr frei. 1951 nahte die Zweite Lehrerprüfung. Wieder führte St. den Vorsitz. Diesmal wurden immer drei Kandidaten zusammen ins Prüfungszimmer gerufen. Ich warnte meine Leidensgenossen vor dem, was sie gleich mit Kollegen St. erleben würden. Tatsächlich stockte ihnen der Atem, als er mich mit schwerem Kaliber frontal angriff. Ich war innerlich vorbereitet und schoss gezielt zurück. Nicht einen einzigen Schlag blieb ich ihm schuldig. Wieder musste er das „gut bestanden" zähneknirschend unterschreiben. Die Kollegen waren verwirrt: „Was hat er gegen dich? Uns behandelt er doch einigermaßen menschlich!?"

„Ich scheine der von ihm selbst erwählte Erbfeind zu sein, den er glaubt vernichten zu müssen, der aber die Unverschämtheit besitzt, sich ihm nicht zum Abschuss freizugeben. Warum nur? – Vielleicht, weil ich ihn durchschaut habe? Und potentielle Zeugen seiner Untaten muss man rechtzeitig liquidieren."

Ob St. nun endlich die Waffen strecken würde?

Da bot sich 1952 ein neuer Kriegsschauplatz an. Ich durfte teilnehmen an einem Fernstudium zur Qualifizierung für den Fachunterricht als Deutschlehrer. Der Mentor war wieder mein treuer Feind.

Ich erschrak, als er mich bei der ersten Konsultation mit einem freundlichen Händedruck begrüßte. Dann erwartete ich gespannt den ersten Angriff. Der blieb aus. Bei einer

Exkursion nach Weimar überließ er mir die Führung, weil er meinte, ich kenne die Stadt am besten.
Nach zwei Jahren folgte die Abschlussprüfung, die dem Staatsexamen gleichen sollte. Als Prüfungsarbeit wurde mir das Thema zugeteilt: „Christian Fürchtegott Gellert, ein deutscher Dichter des Fortschritts".
Dem Leser muss erläutert werden, dass im Sprachgebrauch der DDR die gesamte Menschheit in zwei Gruppen eingeteilt wurde, in die Fortschrittlichen und in die Reaktionären. Auf der Seite des Fortschritts standen die SED mit ihren Bruderparteien des Demokratischen Blockes und ihre großen Vorbilder in der Sowjetunion. Alle gehörten zum Friedenslager. Der fluchwürdige Klassenfeind beherrschte den westlichen Imperialismus, zu dem auch die Kirchen und ihre Mitglieder gezählt wurden.
Mit meiner Prüfungsarbeit erhielt ich den Auftrag nachzuweisen, dass der Fabeldichter Gellert dem Lager des Fortschritts zuzuordnen sei – wie die Partei es befahl. Ich arbeitete mich durch die in unseren Bibliotheken vorhandene Literatur und zeichnete ein Bild dieses Mannes, wie es historisch nachgewiesen war, das aber in keiner Weise dem Ideal eines marxistischen Atheisten ähnelte: Gellert als Dichter der Aufklärung könnte man „fortschrittlich" nennen. Aber als pietistisch geprägter Christ, der täglich die Psalmen betete und Kirchenlieder schrieb, passte er in keiner Weise in das vorgegebene Schema des „Fortschritts".
Kollege St. kam heimlich zu mir:
„Ich habe Ihre Arbeit mit Eins bewertet. Mein Mitprüfer hat sie völlig verrissen und eine Fünf darunter geschrieben. Was soll ich jetzt machen?"
„Herr Kollege, Sie werden sich doch meinetwegen nicht in die Nesseln setzen. Schreiben Sie doch ruhig auch eine Fünf darunter. Meine Erlaubnis haben Sie!"

Er war, zu meinem größten Erstaunen, bei seiner Eins geblieben. Im Zeugnis steht nun die Drei (1+5=6:2=3). Dafür prangt die Eins bei der mündlichen Prüfung und ergibt die Gesamtnote Zwei.
Ich habe St. nie wieder gesehen. Kurz vor der Wende verstarb er. Ein evangelischer Pfarrer hat ihn beerdigt. Möge er in Gott einen gnädigen Richter finden!

Schulleiter Schmidt war ein Mensch. Welch kostbare Seltenheit in jenen Jahren! Sobald es möglich war, schickte man ihn in den Ruhestand, um einem Jüngeren Platz zu machen, der nach Meinung der Partei besser geeignet war. Der Neue hatte eine katholische Frau in der katholischen Kirche geheiratet, war Mitglied in der LDP (Liberal Demokratischen Partei), trat aus dieser Partei und aus der Kirche aus und wurde SED-Mitglied. Nun wehte ein anderer Wind in der Schule. Was wir früher Lehrerkonferenz nannten, hieß nun „Sitzung des pädagogischen Rates". Jeweils eine halbe Stunde früher versammelte sich die SED- Betriebsgruppe und legte fest, wer was zu sagen oder nicht zu sagen hatte und welche These heute durchzupeitschen war. Zum Lehrerkollegium gehörte ein älterer Kollege mit Namen Gebhard, ein Original, genannt der Drei-Kreuzel-Mann. Alle schriftlichen Arbeiten, Nachrichten, Korrespondenzen versah er mit seiner „Unterschrift", den drei Kreuzeln. Niemand hätte es gewagt, ihn deshalb zu kritisieren. Er hatte seine Identität vor Jahren schon erworben, und nichts, aber auch gar nichts konnte ihm einen solchen sicheren Schutz bieten wie seine drei Kreuzel. Hatte ein Schüler Geburtstag, bekam er einen Stoß Bildbände auf die Bank gelegt. Darin konnte er während des gesamten Unterrichts blättern oder lesen, war von Mitarbeit in der Stunde befreit. Ehernes Gesetz im Machtbereich des Drei-Kreuzel-Mannes.

Beim Klassentreffen
Mitte: der Drei-Kreuzel-Mann Gebhard

Kam es bei Konferenzen zur Aufforderung, zu politischen Thesen Stellung zu nehmen, wobei jeder seine Meinung zu sagen hatte, und forderte man ihn zur Stellungnahme auf, hielt er einfach schweigend einen großen Zettel mit weithin sichtbaren drei Kreuzeln hoch, was soviel hieß: „Ich bin der Drei-Kreuzel-Mann! Was verlangt Ihr eigentlich von mir?" Das verstanden alle und akzeptierten es, schmunzelnd und nicht ohne Bewunderung und Neid.
„Unser zentrales Erziehungsziel heißt von nun an Sozialismus!", verkündete eines Tages unser Direktor, „und ich möchte jetzt von Ihnen allen hören, wie Sie in Ihrem Fach diese Aufgabe anpacken wollen."
Nun musste sich jeder ein paar Phrasen einfallen lassen. Die Reihe ging ringsum, übersprang den Drei-Kreuzel-Mann und erreichte mich.
„Als Deutschlehrer werde ich vom Begriff Sozialismus ausgehen. Jedes Kind kennt den Sozius auf dem Motorrad. Sozius heißt der Nächste. Ich werde den Schülern erklären, dass Sozialismus den Blick auf unsere Mitmenschen richtet, dass er uns zu sozialem Verhalten auffordert."
Da fuhr der Direktor dazwischen:
„Sozialismus hat mit sozialem Verhalten nichts zu tun. Sozialismus ist eine politische Aufgabe! Merken Sie sich das!"
Wie recht hatte er doch! Ich habe es mir bis heute gemerkt.

Ferienreise

„Ich möchte den Totenkopf des Mannes streicheln, der die Sommerferien erfunden hat", sagt Jean Paul.
Diese Großen Ferien waren für die Schülerinnen und Schü-

ler und nicht zuletzt für die Lehrer der wohl bedeutendste Höhepunkt des ganzen Jahres. Wenn die Zeugnisse ausgeteilt waren, ging es im Sturmschritt auf unsere Ferienreise zu, die allerdings schon seit Monaten vorbereitet war: Das Geld musste zeitig genug gespart werden, das Reisegepäck bereitgestellt, die Route auswendig gelernt und Einzelheiten in Reiseführern nachgelesen werden. Jahr für Jahr holte ich mir in der FDGB-Dienststelle einen Scheck aus dem Kulturfond der Gewerkschaft, mit dessen Hilfe wir die Kosten pro Kind immer sehr niedrig halten konnten.

Da die Teilnehmer aus Jungen und Mädchen bestanden, brauchte ich eine Kollegin, die mir half. Ich vereinbarte mit Frau M., dass sie diese Aufgabe übernahm. Sie war ein aktives Glied in der katholischen Gemeinde. Wir verstanden uns gut.

Die geplante und bereits erprobte Route ging über Naumburg, Schulpforta, Weimar, Erfurt nach Eisenach zu den Stätten deutscher Kultur. Auch wenn das kleine Land DDR größere Reisen verbot, so reichte der verbliebene Teil doch für eindrucksvolle Begegnungen mit dem „Nationalen Kulturerbe“ aus. Die Nachtquartiere in den Schulen waren zugesagt.

Drei Tage vor der Abreise fand der letzte Appell in der Turnhalle der Schule statt. Rucksäcke und Taschen mussten überprüft, das Taschengeld, die elterliche Erlaubnis vorgezeigt werden.

Als ich das Schulgebäude betrat, erwartete mich an der Tür unser guter alter Hausmeister:

„Herr Heretsch, Sie möchten sofort zum Chef kommen!“

Der begrüßte mich im Direktorzimmer:

„Nehmen Sie Platz: Ich möchte Ihnen mitteilen, dass Ihre Ferienreise ausfällt. Sie übergeben mir den FDGB-Reisescheck, gehen jetzt in die Turnhalle und schicken die Schüler nach Hause.“

Bei der Ferienreise auf der Wartburg

Mir verschlug es die Sprache. Als ich sie wiederfand, fragte ich nach der Begründung.
„Die SED-Betriebsgruppe hat es so beschlossen."
„Dann gehen Sie selbst in die Turnhalle und teilen es den Schülern mit!"
„Das machen Sie, denn es sind Ihre Schüler."
„Aber Sie haben es abgesagt. Nun stehen Sie auch vor den Schülern dazu!"
„Kollege Heretsch, ich fordere Sie auf, den Scheck abzuliefern und den Schülern abzusagen."
„Ich denke gar nicht daran!"
„Dann tut es mir sehr leid um Sie!"
Nach einer Zeit des Schweigens legte ich den Scheck auf den Tisch, verlangte eine Quittung und ging in die Turnhalle.
„Wenn Sie fertig sind, erwarte ich Sie noch einmal hier."
Den Schülern erklärte ich, dass der Herr Direktor unsere Urlaubsreise verboten habe. Sie müssten nach Hause gehen. Große Enttäuschung, Schimpfen, Toben, aber auch Tränen.
Ich meldete mich beim Direktor.
„Die Fahrt findet statt", waren seine ersten Worte.
„Ich habe eine neue Liste der Kinder aufgestellt, die ich für morgen herbestellt habe. Sie übernehmen die Leitung. Ihnen zur Seite wird Kollegin N. stehen. Die ist schon informiert."
„Dann machen Sie die Fahrt ohne mich. So lasse ich mich nicht behandeln!"
„Ich kann nur wiederholen: Es würde mir um Sie sehr leid tun!"
Um diese Zeit wurde die Zahl der „Republikflüchtlinge" immer größer. Wer es einigermaßen vermochte, setzte sich in Richtung Westen ab. Der Phantasie waren keine Grenzen gesetzt. Und wie erfinderisch doch der Mensch sein kann – auch wenn viele dann in den DDR-Zuchthäusern landeten. Für mich stand fest, und es gab keine Diskussion: Ich bleibe

hier! Also entschied ich mich für diese Reise nach Thüringen. Im Hinterkopf stand wie im Nebel der Satz: „Wer weiß, wozu es gut ist!“
Dass die Schüler an dem unglaublichen Theater keine Schuld traf, musste ich mir immer wieder ins Bewusstsein rufen. Sie waren genauso Opfer wie ich.
Also blieb ich locker, und meine eigene Freude und Begeisterung an der christlichen Architektur übertrug sich auf die Schüler. Wenn wir vor einem Kreuzgang standen, erklärte ich, dass die Mönche diesen Weg nur schweigend geschritten sind. Und dann probierten wir es, ohne zu sprechen hindurchzugehen, langsam, gemessen schreitend.
Mit Hilfe meines mitgebrachten Fernglases durften die jungen Leute Figuren hoch oben auf den gotischen Türmen bewundern. „Als die Dome gebaut wurden, hatte niemand so ein Fernglas, das heißt, man konnte von unten diese kleinen Kunstwerke gar nicht sehen. Weshalb hat der Künstler dort oben in schwindelnder Höhe tagelang daran gearbeitet? – Sicher nicht für uns, sondern er wollte Gott damit ehren.“
Im Regenschauer beobachteten wir die das Gebäude schützenden Wasserspeier, Dämonengestalten, böse Geister, die auf ihre Weise Gott und der Kirche dienen sollten, indem sie das Regenwasser im hohen Bogen weit weg vom Gebäude spien.
Die Schüler waren tief beeindruckt. Sie versuchten, das Gesehene, Gehörte und Erlebte festzuhalten. Eifrig machten sie Notizen, zeichneten Skizzen, kauften Ansichtskarten, und ganz wenige hatten schon einen billigen Fotoapparat zur Verfügung.
Am Ende der Gruppe trottete immer die Genossin, von mir überhaupt nicht beachtet, als wäre sie Luft. Sie war für mich das leibhaftige Böse, ähnlich einer KZ-Aufseherin, die es freiwillig übernommen hatte, mich Tag und Nacht zu über-

wachen. Wie konnte ich mich vor ihr schützen? Ich zeigte ihr meine Verachtung, indem ich sie gar nicht zur Kenntnis nahm. Bis zur Mitte der Reise, so glaube ich, hatte ich wohl noch keinen einzigen Satz mit ihr gesprochen. Auf den Gedanken, dass sie vielleicht gar nicht ganz freiwillig Spitzel geworden sein könnte, darauf kam ich nicht.

Es war in Weimar. Wir hatten die Jungen in dem einen Klassenzimmer, die Mädchen im anderen zur Ruhe gebracht und trafen nun im Schulflur zusammen. Wir zwei allein. Einer musste etwas sagen. Sie stand unter dem stärksten Druck. Also begann sie:

„Sie verachten mich!"

„…"

„Sie wissen, weshalb ich hier bin und welchen Auftrag ich habe."

„Ja."

„Und Sie meinen, dass ich den Auftrag ausführe?"

„Sie haben mir bisher keine Gelegenheit geboten, daran zu zweifeln."

Jetzt brach es aus ihr heraus in Form eines Weinkrampfes. Geduldig stand ich ihr gegenüber und wartete die Beruhigung ab.

„Glauben Sie nicht, dass mir diese Aufgabe leichtfällt. Natürlich erwartet die Partei, dass ich einen Bericht schreibe. Und ich werde ihn schreiben und abliefern, wenn Sie ihn gelesen haben."

Ihre Tränen waren getrocknet, der Damm gebrochen. Sie schien von einer immer härter drückenden Last befreit.

„Wissen Sie denn überhaupt, wie sehr ich Sie bewundere? Was Sie alles wissen, wovon ich keine Ahnung habe. Und wie anschaulich Sie das alles vermitteln können. Ich stamme aus einem atheistisch-marxistischen Elternhaus, in dem über Gott, Kirche, Christentum nur mit Spott und Verachtung gesprochen

wurde. Die Schule hat uns nichts geboten, in Christenlehre oder Religionsunterricht war ich nie. Mir wird hier auf der Fahrt täglich bewusster, dass unser Kulturerbe wesentlich aus dem Christentum kommt, von dem ich soviel wie gar nichts weiß. Eigentlich eine Schande für eine Lehrerin der deutschen Schule.“

Ich reichte ihr die Hand zur Versöhnung. Von nun an wagte sie es, auch vor den Schülern Fragen zu stellen. Unsere geringe Freizeit wurde jetzt durch die vielen Gesprächsthemen mehr als ausgefüllt. Auf der Rückfahrt zeigte sie mir ihren Bericht über mich und fragte, ob ich zufrieden sei. Und ob ich es war! Er bestand ja nur aus einer Aufzählung von Lobreden. Sie wurde später die eifrigste Leserin meiner Buchbestände, besonders der religiösen.

Als der Direktor mein Klassenzimmer betrat, hatten wir die Tafel mit Goethes Spruchweisheit gefüllt. U. a. stand dort: „Gott gibt Nüsse, aber er beißt sie nicht auf.“ Sofort verlangte der Chef, dass dieser Satz zu verschwinden habe. – Gott hatte in der Schule nichts zu suchen.

Wir sangen das Lied: „Es tagt, der Sonne Morgenstrahl weckt alle Kreatur ... ein Morgenchor, an Freuden reich zu Gottes Lob und Preis.“ – Da Gott in unseren Schulen abgeschafft war, endete das Lied: „Zu unser Lob und Preis“ – im Liederbuch.

Ich besprach mit den Kindern den Text: Der böse Peter hatte sich die Hosentaschen mit Steinen gefüllt und warf sie im Walde den Vögeln nach. Daraufhin sangen sie alle zu Peters Lob und Ehr. Da meinte ich, dass die Kinder mich verstanden hatten.

Schulungen

Wir nannten sie auch die „Rotlichtbestrahlungen", die am Mittwochnachmittag unter der Bezeichnung „Gewerkschaftsversammlung" stattfanden und deren Teilnahme verpflichtend war, genau wie das anhaltende Klatschen am Schluss. Ich ging gar nicht so ungern hin. Man musste allerdings zeitig genug da sein, um einen günstigen Platz zu ergattern: Er sollte nach Möglichkeit in der letzten Reihe oder wenigstens in einer der hinteren Reihen gefunden und besetzt werden, damit man den Rücken frei hatte. Sehr günstig war ein möglichst großer Davorsitzender, hinter dessen Rücken ich geschützt meiner Beschäftigung nachgehen konnte, die ich dafür eigens mitgebracht hatte: Briefe beantworten, Unterrichtsvorbereitungen ... Meist bestand das Vorgetragene aus hinlänglich bekannten und bis zum Überdruss wiederholten leeren Phrasen, die keinen normalen Menschen interessierten. Für mich waren das günstige Arbeitsbedingungen. Man musste nur sofort unterbrechen, wenn einer zu klatschen begann, dass man es nicht etwa verpasste.
Der Ablauf der „Schulung" vollzog sich stets nach dem stereotypen Muster:

Vortrag
Aufforderung zur Diskussion
Diese fiel aus, weil es keine Wortmeldungen gab.
Tröstung des Leiters: „Wir wollen das Gesagte ja nicht zerreden."
Aufatmen
Abschluss

Die meisten Kollegen beklagten sich auf dem Heimweg über die sinnlos geopferte Zeit. Ich konnte nicht mit einstimmen, hatte ich sie doch sinnvoll genutzt.
Es gab seltene Ausnahmen, wenn ich zufällig Themen aufnahm, die mich interessierten, zum Beispiel wenn es um den dialektischen oder historischen Materialismus ging. Meist hielt Kollege H. die Vorlesung. Er war in Leningrad frisch rot eingefärbt worden und versuchte nun, uns zu seinem neuen Glauben zu bekehren. Er bläute uns die unumstößlichen Dogmen der Dialektik als der Weisheit letzter Schluss ein. Am Ende kam die programmgemäße Aufforderung zur Diskussion, die mindestens dreimal wiederholt wurde, um dann in die oben genannte Tröstung einzufließen, die mit dem großen Aufatmen ihren Abschluss fand.
Es konnte passieren, dass mich mein eigener Schalk ins Ohr biss und mir zuflüsterte: „Das kannst du nicht so hinnehmen. Womöglich glaubt jemand noch diesen Schwindel. Sag was!“
So meldete ich mich in allerletzter Minute noch zu Wort:

„Ich bitte um Entschuldigung, wenn ich noch eine Frage stellen möchte. Als ungebildetes Dorfschulmeisterlein bin ich mir nicht sicher, ob ich Sie richtig verstanden habe. Haben Sie gesagt, es gibt keine ewigen Wahrheiten, oder habe ich mich verhört und es falsch verstanden?“
Kollege H.:
„Nein, Sie haben mich schon richtig verstanden: Es gibt sie nicht!“
Ich:
„Da bin ich aber froh. Bis jetzt war ich nämlich anderer Meinung. Zu Hause habe ich ein uraltes Buch und in dem steht der Satz: ‚Du sollst nicht töten.‘ Das habe ich bis zur Stunde für eine ewige Wahrheit gehalten. Auch wenn sich viele Menschen

nicht danach gerichtet haben, so meinte ich, dass dieser Satz immer noch Geltung besitzt."
Kollege H.:
„Nein, nein, alles verändert sich."
Ich:
„Gut, danke, jetzt weiß ich es auch. – Trotzdem verstehe ich nicht, warum wir dann Adolf Hitler Vorwürfe machen, wenn er doch der Überzeugung war, dass das Tötungsverbot für ihn keine Geltung mehr habe. Verstehen Sie das?"

Kollege H. sah sich hilfesuchend bei seinen Genossen um. Peinliches Schweigen, verhaltenes Gekicher bei den Kollegen. Der Schuldirektor versuchte die Situation zu retten.

Direktor:
„Kolleginnen und Kollegen. Ich denke, wir sollten die Diskussion beenden. Unsere Uhr ist vorgerückt. Ich schlage vor, das Thema zu vertagen."
Rufe aus dem Publikum:
„Wir möchten, dass der Kollege Heretsch eine Antwort bekommt. So lange halten wir es schon noch aus. – Die Antwort interessiert uns auch!"
Direktor:
„Seid doch vernünftig!"
„Wir erwarten nur die Antwort von Kollegen H."
Kollege H. (hilflos):
„Im Augenblick weiß ich keine Antwort. Ich bin ja schließlich kein wandelndes Lexikon. Aber das verspreche ich Ihnen, Kollege Heretsch, die Antwort bekommen sie noch!"

Nun warte ich schon 50 Jahre vergeblich darauf.

Schulung der Funktionäre der befreundeten Bruderparteien in Moskau. Führung durch den Moskauer Zoo.
„Und hier seht ihr einen original indischen Elefanten. – Und hier seht ihr die sowjetische Züchtung, genannt Koexistenz.
Ihr seht einen Wolf zusammen mit einem Lamm. – Und hier seht ihr …“
„Verzeihung, Genosse, davon habe ich noch niemals etwas gehört. Wie macht ihr das, diese Züchtung Koexistenz?“
„Ach, Genosse, ganz einfach: Wir nehmen immer denselben Wolf und immer ein neues Lamm.“

Verlauf der Schulung: Nach einem fünfstündigen Referat erfolgt der Aufruf zur Diskussion. Schweigen im Saal.
„Aber Genossen, habt ihr denn keine Fragen? Ein Genosse hat immer Fragen!“
Schließlich meldet sich doch der Genosse Krajewski:
„Ich habe nur eine Frage: Wo bleiben die Rubel für die von uns in Danzig gebauten Schiffe für Moskau?“
„Danke, Genosse Krajewski! Wir werden die Frage morgen beantworten.“
Am nächsten Morgen:
„Genossen, welche Fragen habt ihr zu dem gestrigen Tag?“
„Ich habe nur eine einzige Frage: Wo bleibt der Genosse Krajewski?“

Hospitieren

Lehrer sind Menschen, die froh sind, wenn sie ihre Unterrichtsstunden hinter sich gebracht haben und den Heimweg antreten dürfen. Es wäre Gewinn bringend, beim Kollegen zu hospitieren. Doch dafür ist kaum Zeit. Und außerdem haftet den Hospitierern auch der Geruch des Überwachers an. Und wer will sich schon ständig fremder Kontrolle aussetzen.
Bei mir war das anders. Ich musste es geschehen lassen, dass man bei mir hospitierte - nicht von Kollegen, sondern von der alles beherrschenden Partei. So wurde der Pionierleiter beauftragt, mich zu kontrollieren. Pionierleiter waren hauptamtlich angestellte Personen, die die Arbeit der staatlichen Organisation „Junge Pioniere" zu leiten und anzuleiten hatten. Manche waren strohdumm, aber nicht alle. Einer kam zwar mit dem Parteiauftrag, zeigte aber großes Interesse am Unterrichtsstoff und bat im Anschluss an jede Stunde um die Möglichkeit eines Auswertungsgesprächs. Und da dies immer unter vier Augen stattfand, kamen auch sehr persönliche Themen zur Sprache. Ich war sicher, dass er mich nie denunzieren würde. In den ersten Gesprächen versuchte er, mich mit seiner Begeisterung für Friedenskampf und Sozialismus anzustecken. Später wurde er immer unsicherer und stiller und wollte meine Meinung hören. Als aber die „Gesellschaft für Sport und Technik" gegründet wurde, die vormilitärische Ausbildung der Jugend, erklärte er mir, dass er nun nicht mehr Pionierleiter sein könne, kündigte seinen Dienst und verabschiedete sich mit großem Dank von mir. Nach Jahren bin ich ihm dann in Thüringen wieder begegnet, da war er evangelischer Pfarrer und lud mich zu einem Vortrag in seine Kirche ein.
Einmal wurde mir mitgeteilt, dass unser Bürgermeister den

dringenden Wunsch hege, meinen Unterricht kennenzulernen. Dieser Bürgermeister hatte mir am 1. Mai ein besonderes Frühlingserlebnis beschert. Alle Lehrer und höheren Schulklassen mussten an der obligatorischen Mai-Demonstration teilnehmen. Wir marschierten hinter der Blaskapelle durch die Stadt und stellten uns schließlich zur Kundgebung vor dem Rathaus auf. Die Sonne meinte es gut mit uns. Zum Schluss hielt der Bürgermeister (SED) seine flammende Rede gegen die westlichen Kriegstreiber, sie gipfelte in dem Appell:
„Und so wollen wir auch weiter mit aller Kraft gemeinsam gegen den Frieden kämpfen!" –
Tosender Beifall. Ich stieß meine Kollegen rechts und links von mir an:
„Wollen wir ihn gleich oder später verhaften?" –
Keiner hatte mich verstanden, denn es hatte ja keiner hingehört.
Dieser Bürgermeister und Friedenskämpfer kam also tatsächlich in meine Klasse. An der Tür hieß ich ihn willkommen, bot ihm in den hinteren Bänken einen guten Platz an, ließ die Klasse aufstehen und den Bürgermeister mit unserer „Hymne" begrüßen, erklärte, dass es bei uns so Brauch sei, unsere Gäste mit einem Lied willkommen zu heißen, gab den Ton an und dirigierte den Kanon:
„Das dumme Schaf ist halb so dumm wie du, du, du, du, du, du, doch doppelt brav."
Mit strengem Blick gelang es mir, das Schmunzeln der Kinder so im Zaum zu halten, dass es nicht zum Gelächter ausartete. Der arme Bürgermeister gab sich die größte Mühe, sein schiefes Amtslächeln verbissen aufrecht zu halten.
Dem Stundenplan nach war jetzt Geografie dran. Wir wiederholten die Länder Europas. Dann folgten die Hauptstädte. Eine Schülerin stockte bei Albanien. Den anderen fiel der Name auch nicht ein. Da schimpfte ich los:

„Was, niemand in der Klasse kennt die Hauptstadt von Albanien? Das ist ja unerhört! Was soll nur unser Bürgermeister von euch denken. – Fragt ihn doch mal. Er wird es euch sagen."
Aber natürlich wusste er es auch nicht und verschwand beim Klingeln lautlos und ward nie wieder in der Schule gesehen.

Margot

Auf Anordnung des Direktors versammelten wir uns am Montag zur ersten Stunde nicht im Klassen-, sondern im Lehrerzimmer.
„Wie Sie aus der Presse bereits erfahren haben, spitzen sich die katastrophalen Verhältnisse in der BRD ständig zu. Ich ordne darum an, dass heute die erste Viertelstunde in allen Klassen die aktuellen Probleme intensiv zu besprechen sind und den Schülern die Unterschiede zwischen den beiden Staaten deutlich gemacht werden. Ich habe Ihnen die zu vermittelnden Bereiche schon mal auf Zetteln vorbereitet. Bitte beginnen Sie sofort mit dem Unterricht!"
Auf dem Weg zum Klassenzimmer warf jeder von uns einen kurzen Blick auf den Zettel:
„In der BRD steigende Arbeitslosigkeit, Verelendung der Bevölkerung, wachsende Jugendkriminalität, Verseuchung der Schulen durch Drogen, Verwahrlosung, Hoffnungslosigkeit, Kriegshetze. - Bei uns strahlender Blick auf den kommenden Sozialismus ..."
Ich erklärte der Klasse, dass wir auf Anweisung des Direktors zuerst einige aktuelle Probleme zu besprechen hätten, was ich an Hand des Zettels kurz und knapp kommentierte.

Sehr bald meldete sich Margot, die Klassenbeste, zu Wort. Ich hätte sie übersehen müssen. Aber schon war es zu spät. *„Was Sie da erzählen, das stimmt ja alles gar nicht!"*, tönte sie *laut.*
„Woher willst du das wissen?"
„Ich war bis vor einer Woche ein halbes Jahr bei meiner Tante in Düsseldorf und bin dort auch zur Schule gegangen. Von Drogen, Kriminalität, Kriegshetze habe ich dort nichts gemerkt. Das ist doch alles Schwindel!"
In ihrer Stimme tönte der Triumph des Siegers. Die Klasse klatschte Befall, der meine Worte übertönte. Was jetzt? – Natürlich wusste ich, dass sie recht hatte. Sollte ich das zugeben und meinen Beruf aufs Spiel setzen? Zeit zum Nachdenken hatte ich nicht. Hier musste blitzschnell gehandelt werden. Also schrie ich sie an:
„So, wie du dich hier aufführst, zeigst du sehr deutlich, dass du vom imperialistischen Ungeist schon ganz schön angesteckt bist. Du musst dringend lernen, dich wieder unserer demokratischen Ordnung anzupassen. – Doch jetzt Schluss damit. Wir nehmen unsere Aufsatzhefte vor ..."
Ich musste schnell noch aus dem Lehrerzimmer ein Buch holen. Im Flur stand unser kleiner Kollege V. am Fenster, drehte sich nicht um, denn er wurde von einem Weinkrampf geschüttelt. Die Klasse hatte ihn regelrecht fertiggemacht, so dass er nur noch die Flucht ergreifen konnte.
Dass meine Reaktion auch nicht im Entferntesten etwas mit Pädagogik zu tun hatte, war mir sehr wohl bewusst. Aber hier ging es nicht um Erziehung, sondern ums Überleben als Lehrer. Es war Flucht.
Als Margot später selbst Lehrerin geworden war, haben wir bei einer Flasche Wein köstlich über diese Szene lachen können.

Der Volkskorrespondent

Wenn man mich verhaftet hätte, ich wäre nicht ganz schuldlos gewesen. Warum musste ich ihnen in die aufgestellte Falle tappen! So ging ich oft so weit, um auszuloten, wie weit man sich ungestraft vorwagen konnte.
Da hatte das „Volkseigene Lichtspieltheater“ zum Tag des Kindes eine kostenlose Filmveranstaltung angesetzt. Der Saal war überfüllt. Aber der gebotene Film erschien mir gar nicht „jugendfrei“ und das vor Kindern.
Ich schrieb einen geharnischten Brief an die Leitung der CDU, das Organ der LDP (Liberal Demokratische Partei), an die Bauernpartei. Von allen Seiten kamen höfliche Absagen. Man habe das Manuskript an die Redaktion der SZ (Sächsische Zeitung, Organ der SED) geschickt. Ehe ich von dort eine Bestätigung oder Absage erhielt, konnte ich meinen Beitrag bereits gedruckt in der SZ lesen. Als Autor war angegeben: „Erwin Heretsch, Volkskorrespondent“. Ich wusste gar nicht, was dieser Titel eigentlich bedeutet. Bald erhielt ich eine Urkunde mit Ausweis und Statuten. Man beglückwünschte mich zu dieser Ehre und teilte mir mit, dass ich von der Partei geschützt werde. Es klang wie eine Immunitätserklärung.
Diese Privilegien nutzte ich schamlos aus, indem ich ständig Beiträge ablieferte, die fast vollständig aus mehr oder weniger beißender Kritik bestanden. Ich unterstand einzig und allein der SED, die ein gar nicht so mageres Honorar zahlte. Für mich bot sich die Gelegenheit, dort Luft abzulassen, wo der Druck unerträglich wurde. Mit der fristlosen Entlassung aus dem Schuldienst endete diese ruhmreiche Tätigkeit.

Fortgang der Ereignisse

Eines Tages teilte mir mein Direktor mit, dass ich ab 1. September, wenn das neue Schuljahr beginnt, an die Grundschule Eula versetzt sei. Ich nahm das mit Gelassenheit hin, obwohl dort nur von der 1. bis 5. Klasse unterrichtet wurde. Trotz meiner Lehrbefähigung bis zur 10. Klasse war ich nun gezwungen, nur noch in der Unterstufe zu arbeiten, damit ich – und das sprach keiner aus - damit ich keinen größeren Schaden anrichten konnte. Ich fühlte mich trotzdem wohl, denn eine gute Methodik lernt man am sichersten in den fruchtbaren Gewässern des Elementarunterrichtes. Das ging dann so lange gut, bis die Eulaer als Übungsschule an das Lehrerbildungsinstitut Nossen angeschlossen wurde. Automatisch waren wir Mentoren für die Lehrerstudenten. Und das konnte die Partei in meinem Falle keineswegs dulden. Also begann sie mit der Treibjagd. Nachdem diese bei Pfarrer Kohl so glänzend erfolgreich war, als er endlich in Bautzen hinter Gittern saß – konnte man sich mit voller Kraft meiner Liquidierung widmen. Unter Einsatz aller legalen und illegalen Methoden klappte auch dies: Ich flog aus dem Schuldienst (wie schon berichtet) und landete auf dem Schoß der Mutter Kirche, die mir Arbeit, Wohnung und Ausbildung verschaffte. Sie hat sich mit dem Zustand der Teilung des Landes und Einsperrung des Volkes nie abgefunden. Wo sich eine Gelegenheit bot, Lücken in der geistigen Mauer zu entdecken, dort nutzte sie die Chance hindurchzuschlüpfen. So veranstaltete sie ein dreijähriges Fernstudium in Ostberlin, aber mit westdeutschen Professoren und westlicher Literatur. Ich hatte das Glück, offiziell dazu delegiert worden zu sein. Träger war die Universität Aachen im Auftrag der Deutschen Bischofskonferenz. Dort erwarb ich das Wissen für meine spätere Aufgabe der „Elternbildung“, die ich dann fast im gesamten Gebiet der DDR auf ökumenischer Basis betrieb. Später durfte ich noch durch westdeutsche Fachleute in Ostberlin eine Ausbildung zum Ehe-, Familien- und Lebensberater absolvieren. Dies alles verdanke ich eigentlich auch dem Rauswurf durch die SED. Ich bekenne mich auch schuldig, mich ihr nicht genug dankbar erwiesen zu haben, ihr, die nach Goethe ein Teil von jener Kraft ist, die stets das Böse will und doch das Gute schafft.

Anfänger-Unterricht im Schulgarten Eula

Die Autobahn

Mindestens zweimal wöchentlich musste ich sie benutzen, die Strecke Bautzen – Dresden. Und hätten nicht regelmäßig die Tramper an der Auffahrt gestanden, die Fahrt hätte noch trostloser verlaufen müssen. Meist fuhren sie in den Wochenendurlaub, die jungen Offiziersbewerber aus Bautzen oder Löbau. Ich nahm sie gerne mit, um die Langeweile zu vertreiben, aber auch – ich gebe es ja zu – um meine aufgestaute Wut abzulassen, indem ich sie aufs Glatteis führte: Unfair? Ich weiß nicht.

„Meine Herren, die miserable Beschaffenheit der Fahrbahn zwingt mich zu uneingeschränkter Konzentration. Ich muss Sie bitten, mir mitzuteilen, wenn ein Telefon zu erblicken ist. Ich muss dringend anrufen."

Nach einigen Kilometern ermahnte ich sie. - Nichts! - Bald wieder eine Erinnerung. Kein Telefon!

„Sie wollen mir doch nicht etwa sagen, dass bis Dresden gar kein Anschluss vorhanden ist. O nein, meine Herren! Ich lasse mir von Ihnen meine DDR nicht schlechtmachen. Sie wollen doch nicht etwa behaupten, unser sozialistischer Staat interessiert sich nicht für die Belange seiner Bürger."

Schweigen.

„Wenn es tatsächlich wahr sein sollte, dass diese Strecke nicht einen einzigen Telefon-Anschluss besitzt, dann frage ich mich, was Sie eigentlich im Unterricht besprechen – Mittelalter oder Gegenwart? Wenn Sie wirklich einmal Offiziere werden wollen, dann darf ich doch von Ihnen verlangen, dass Sie soviel Zivilcourage besitzen, ihren Finger auf die Missstände zu setzen."

Meist stiegen sie dann am Zielort betroffen schweigend aus.

Kati, die wunderschöne Braut hatte sich am Polterabend ein Herz gefasst und fragte Freddy, ihren strahlenden Bräutigam, stammelnd:
„Wirst du mich auch wirklich heiraten? – Versprichst du das?“
Er war schockiert. *„Wie kommst du darauf? Morgen ist doch unsere Hochzeit!“*
„Versprichst du es mir wirklich, auch wenn ich dir etwas Schlimmes gestehe?“
„Aber ja, natürlich, ich habe es dir ja schon mehrmals versprochen.“
Nun wagte sie es: *„Ich kann nämlich nicht kochen.“*
Er prustete schallend heraus. *„Das ist doch kein Problem! Morgen schenke ich dir ein nagelneues Kochbuch und melde dich beim DFD (Demokratischer Frauenbund Deutschland) zum Kochkurs an.“*
Zwei Jahre danach:
Sie: *„Liebling, was wünscht du dir zu Weihnachten?“*
Er: *„Kati, etwas sehr Kostbares.“*
Sie erschrak sofort.
Er: *„Dass wir zu Weihnachten erstmalig nicht in die Gaststätte essen gehen, sondern ich wünsche mir etwas von dir Gekochtes, etwas ganz Einfaches: eine Wasser- oder Kartoffelsuppe. Egal ... Nur von dir gekocht muss es sein: Das wird mein größtes Weihnachtsgeschenk.“*
Sie: *erbleicht – „Aber wir sind doch erst beim Bauernkrieg.“*

Im September 1978 packte mich einmal die Wut. Das Maß war voll. Ich setzte mich hin und schrieb an die Zeitschrift „Der Deutsche Straßenverkehr“ folgenden Brief:

„Die Autobahn Dresden-Bautzen ist mir ein Gräuel. Trotzdem muss ich sie mehrmals in der Woche befahren. Abgesehen von dem erbärmlichen technischen Zustand packt mich regelmäßig die Angst, besonders bei Nachtfahrten. Ich fürchte mich weniger vor Unfällen als davor, Unfallopfern zu begegnen, Menschen aus allen Ländern des Ostens, die unsere Sprache gar nicht beherrschen. Was soll ich tun? Ich bin kein Arzt. In welches Dorf muss ich fahren, welchen Hund soll ich erschlagen, welche Leute aus ihren Betten holen, um herauszufinden, wo sich vielleicht ein Telefon aufspüren ließe.
Der Schwerverletzte kann bis dahin längst verblutet oder im Schnee erfroren sein. Sollte es wahr sein, dass ein Menschenleben in unserem Lande keinen Wert besitzt?"
Die Zeitschrift antwortete mir freundlich, dass sie nicht in der Lage sei, meine Fragen erschöpfend zu beantworten. Aus diesem Grunde haben sie mein Schreiben an das Ministerium für Verkehrswesen weitergereicht. Von dort kam folgende Antwort vom 6.11.1978:
„Ihr Schreiben an die Zeitschrift „Der Deutsche Straßenverkehr" wurde uns zur Beantwortung übergeben.
Zu Ihrem Hinweis auf die Notwendigkeit der Ausrüstung der Autobahnstrecke Dresden – Bautzen mit Fernsprechanlagen müssen wir Ihnen folgendes mitteilen:
Zweifellos würden Autobahnfernsprechanlagen auch auf dieser Strecke, vor allem bei Unfällen, eine schnellere Hilfe ermöglichen. Es stehen uns jedoch aus den sicher auch Ihnen bekannten Gründen der Notwendigkeit der vorrangigen Abdeckung der Industrieschwerpunkte, des Wohnungsbaues und des Exportes nicht in dem gewünschten Umfang Kabel und Verlegekapazitäten zur Verfügung. Vorrangig muss im Rahmen der gegebenen Möglichkeiten die Aufrechterhaltung der Funktion vorhandener Anlagen auf den am höchsten belasteten Autobahnstrecken gewährleistet werden.

Wir werden mit dem Staatlichen Straßenunterhaltungsbetrieb Autobahnen prüfen, wo an der Strecke Dresden – Bautzen evtl. entsprechende Hinweise über die nächsten Telefonanschlüsse aufgestellt werden können, und bedanken uns für Ihre Hinweise. Mit sozialistischem Gruß"

Hier setzt der Leiter der Hauptverwaltung im Ministerium für Verkehrswesen voraus, dass ich mit ihm darin übereinstimme, dass unsere glorreiche DDR längst im Zustand der Pleite dahinvegetiert.
Zur Aufstellung von Hinweisschildern über die nächsten Telefonanschlüsse hat es dann auch in den folgenden zwanzig Jahren nicht mehr gereicht. Das Versprechen hat die ruhmreiche Partei mit in ihr Grab genommen.

Der Tramper

„Wohin denn?"
„Richtung Dresden!"
„Steigen Sie ein!"
Ein verhältnismäßig kleiner junger Mann schob seine Reisetasche herein.
„Wollen Sie noch weiter?"
„Ja, Leipzig!"
„Es gibt Menschen, die sind vom Glück verfolgt. Ich muss auch nach Leipzig."
„Student?"
„Nein, bin schon fertig."
„Was machen Sie denn jetzt?"
„Bin Offizier bei der Volksarmee."

„So sehen Sie aber gar nicht aus!"
„Wir haben Zivilerlaubnis."
„Also, das freut mich. Endlich mal ein gebildeter Mensch. Die sind ja heute so selten. Und wir haben genügend Zeit zu einem guten Gespräch.
Da möchte ich Sie gleich mal etwas fragen: Können Sie mir sagen, warum wir eigentlich gegen den Staat Israel sind? Ich kann es bis jetzt nicht verstehen."
Wegen seiner großen Reisetasche hatte er sich nach hinten gesetzt. Ich konnte ihn immer nur im Rückspiegel ausschnittsweise beobachten. Aber nun schien er in seinem Element zu sein, denn er hielt mir einen gut gelernten Vortrag über die „Globalstrategie der US-amerikanischen Imperialisten" und bei der Bedrohung des Friedenslagers spiele Israel eine führende Rolle.
„Was mir dabei zu denken gibt", warf ich ein, *„in Bautzen, Löbau, Görlitz stehen noch eine ganze Reihe großer Häuser, die einmal Juden gehört haben. Auf manchen sieht man noch hebräische Inschriften, zum Beispiel in der Reichenstraße. Man hat die Besitzer vergast und die Häuser geraubt. Meines Wissens haben wir noch keinen Pfennig Wiedergutmachung gezahlt – kassieren aber brav weiter die Miete. Und stellen uns hinter Adolf Hitler im Kampf gegen das internationale Judentum."*
Betroffenes Schweigen bei meinem Mitfahrer.
„Was ich aber noch weniger verstehe – und da erhoffe ich mir von einem deutschen Offizier endlich eine logische Antwort: Der Staat Israel wurde von Menschen gegründet, die den Holocaust überlebt haben. Die Wirtschaft ist auf sozialistischer Form aufgebaut, das heißt, sie besteht aus Kibbuzim (Einzahl Kibbuz). Wie ist es möglich, dass die DDR, ein sozialistischer Staat, einen anderen sozialistischen Staat zum Feind erklärt. Müssten wir diese Staatsform nicht eher unterstützen statt sie zu bekämpfen?"
Mein Sozius schien verwirrt. Darauf war er nicht vorbereitet.

„Das weiß ich ja alles gar nicht! Woher soll ich es denn auch wissen?"
„Sie müssen lesen!"
„Was soll ich denn lesen?"
„Bücher, die Sie informieren können."
„Woher soll ich diese Bücher nehmen? Die gibt es doch bei uns gar nicht."
„Die muss man sich eben schicken lassen."
„Das darf ich nicht."
„Wer verbietet Ihnen das?"
„Unsere Gesetzte schreiben das vor."
Dies bedeutete für mich den Startschuss für meinen Angriff.
„Ich will Ihnen auch etwas erzählen. Ich habe fünf Kinder. Jedes Kind hat ein mehr oder weniger großes Bücherregal. Das dürfen sie alle ungefragt lesen. Wollen sie aber ein Buch aus meinem Buchschrank, dann müssen sie fragen, und da kann es passieren, dass ich ihnen das eine oder andere Buch verbiete. Wenn meine Kinder erwachsen sein werden, kann ich ihnen nichts mehr vorenthalten. Sie werden mir doch nicht weismachen wollen, dass die sozialistische DDR ihre Offiziere wie kleine Kinder behandelt! Ich lasse mir von Ihnen meine DDR nicht verleumden! Das lasse ich nicht zu!"
„Aber es ist so!"
„Und wie ist es mit Radio und Fernsehen?"
„Es ist nur erlaubt, die DDR-Sender einzuschalten."
„Aber sie kommen ja auch mal nach Hause."
„Mein Vater ist der Generaldirektor eines VEB (volkseigener Betrieb) ... Da gibt es nur DDR-Sender, da existiert nur eine einheitliche Meinung."
Wir sprachen noch über Frieden, Gerechtigkeit, Ehrfurcht, Abtreibung ... Aus jedem Thema entwickelten sich mehrere neue, so dass die Zeit gar nicht ausreichte. Ich brachte ihn bis zur Haustür seines Vaters.

„Wenn Sie aussteigen, warte ich so lange, bis Sie Zeit hatten, sich mein Auto-Kennzeichen zu notieren."
„Warum das?"
„Nun, Sie können auf diese Weise leicht an meinen Namen und an meine Adresse gelangen. Und von einem Volksarmee-Offizier erwarte ich selbstverständlich, dass Sie einen solchen Staatsfeind anzeigen."
„Ich weiß gar nicht, ob ich nach diesem Gespräch noch Offizier sein kann. – Übrigens: Sie brauchen vor mir keine Angst zu haben. Ich habe Angst vor Ihnen."
„Wieso denn?"
„Woher soll ich wissen, ob Sie nicht ein höherer Offizier sind – in Zivil wie ich. – Sie haben mich gefragt, verhört, geprüft. Ich konnte keine Ihrer Fragen beantworten. Wenn Sie Anzeige erstatten, werde ich belangt."
„Keine Angst, ich bin kein Offizier!"
„Ich möchte Ihnen herzlich danken! Sie haben mir Dinge gesagt, die ich bisher weder vom Vater noch vom Vorgesetzten je gehört habe. Das alles wird mir viel und lange noch zu denken geben. Nochmals Dank!"
Ich hielt an, er stieg aus und ging gesenkten Hauptes zum Gartentürchen – ohne sich umzudrehen.

Mein Liebesverhältnis zur DDR beruhte, wie jedes andere auch, auf Gegenseitigkeit. Sie durchschaute mich und wusste genau, was sie von mir zu halten hatte. Leider konnte sie nicht so eingreifen, wie sie es gerne getan hätte. Da stand die Kirche im Wege, mit der man sich nicht gern anlegen wollte, aus vielerlei Gründen, unter anderem wegen des gefährdeten Prestiges und wegen der fleißig fließenden Devisen, auf die die Partei angewiesen war.
Mein Urteil über diesen Staat stand von Anfang an fest. Ich musste nicht erst überzeugt werden. Meist ging ich in mei-

nem Spott Abend für Abend bis nahe an die Grenze. So musste ständig mein polnischer Leib- und Magendichter Stanisław Jerzy Lec herhalten, um das auszusprechen, was alle dachten, es aber nicht sagen wollten oder durften:

Der Mensch ist nie allein. Einer passt immer auf ihn auf.

Hätte ich nur so viele Zuhörer wie Abhörer.

Vor Zwergen muss man sich tief verneigen.

Empfangt die Leute nicht mit offenen Armen. Warum ihnen erleichtern, euch zu kreuzigen!

Wenn du mit einem Löwen in einer Höhle haust, versage ihm nie deine Hochachtung!

Ich habe etwas gegen die Mathematik: Viele Nullen ergeben eine gefährliche Zahl.

Was sagst du dazu, Physik: Im zwischenmenschlichen Bereich erzeugt Reibung Kälte?

Bücher

Bis zu ihrem Untergang zeichnete sich die DDR durch ihre herausragend gleichbleibende Mangelwirtschaft aus. Aber für „Bürger mit gehobenem Bedarf" öffnete sie verschämt einige trostspendende Türchen, hinter denen sie sich gierig auf die heiß begehrte Westmark stürzte. Eine Zeitlang verbot sie deren Besitz, dann verlangte sie einen Umtausch in Wertgutscheine, um selbst am schnellsten an das Geld heranzukommen. Im „Intershop“ bot sie dem Westbesucher Genussmittel und Luxusartikel an, über GENEX handelte sie mit höheren Beträgen und verkaufte fabrikneue „Trabanten“ und „Wartburgs“. Da die Kirchen keine Möglichkeit hatten, Fahrzeuge zu kaufen, bot sie ihnen ständig welche in fast unbegrenzter Anzahl an. Bezahlen mussten es die westdeutschen Christen – und jene DDR-Bürger, die nun noch länger auf die Lieferung ihres vor Jahren bestellten Wagens warten mussten. Es störte die Partei der Arbeiterklasse in keiner Weise, wenn die Werktätigen ständig in ihrer Warteschlange zurücktreten mussten, um dem Klassenfeind Kirche den Vortritt zu lassen.

Für die harte Währung sind die Genossen bereit, alles, aber auch alles zu verkaufen, raunte das Volk, als es ruchbar wurde, dass politische Gefangene ausgekauft wurden. Menschenhandel! Und es stellte sich heraus, dass manch einer nur deshalb zu einer so hohen Haftstrafe verurteilt wurde, damit er im Handelsgeschäft einen möglichst hohen Gewinn erbringen konnte.

Und doch stimmt der Satz von der Verkäuflichkeit in dieser Verallgemeinerung nicht. Es gab nämlich eine Ausnahme: Das waren die Bücher, oder besser: die Printmedien.

In den ersten Nachkriegsjahren konnte man schon mal Bücher und Zeitungen per Post von Ost nach West und umgekehrt verschicken. Die Ost-West-Richtung blieb bestehen, die andere wurde schwieriger. So musste man schließlich alles Bedruckte in Lebensmittelpaketen verstecken. Das ging solange gut, bis die Röntgenkontrolle einsetzte, die Pakete und Päckchen geöffnet und jedes bedruckte Papier entfernt wurde. Die Partei schien nichts mehr zu fürchten als den Geist, den Verstand, das Denken, die Gedanken, die Informa-

tion. Es war ein Leichtes, alle DDR-Medien gleichzuschalten, nichts zu drucken, was nicht durch die Zensur gegangen war. Rundfunksender konnte man stören, Fernsehantennen auf den Dächern absägen und die Post mit einem riesigen Heer von Mitarbeitern präzise kontrollieren.
Der interessierte Beobachter fragte sich, was denn mit den beschlagnahmten Büchern und Zeitschriften geschieht. Und er erfuhr, dass sie alle in den Kontrollstellen in großen Behältern landen, dort zu Ballen gepresst, mit Draht verschnürt in Güterzüge verladen und in die nächste Papierfabrik transportiert werden. Dort müsste doch eigentlich die Verschnürung gelöst und die Bücher greifbar werden, dachte ich in meiner Naivität. Nachforschungen bei Betriebsangehörigen ergaben: Die Ballen werden auf Fließbändern bis an den Reißwolf herangeführt. Dort steht der Mitarbeiter der Stasi, der mit seiner großen Drahtschere die Verschnürung durchtrennt und darüber wacht, dass aber auch jedes Teilchen, jedes Buch seinen vorgeschriebenen Weg findet – wie die Partei es befahl.
Die Eisenbahner hatten ihre eigene Methode: Sie konnten es beim Rangieren mit verstärkter Beschleunigung und gezieltem Bremsvorgang so einrichten, dass wenigstens ein Ballen aufs Gleis oder neben das Gleis fiel und platze. Die Vorschrift aber besagte: „Was vom Wagen fällt, muss nicht mehr aufgeladen werden." Die Beute wurde dann je nach Geschmack verteilt. Es blieb auch meistens ein Brosamen für mich übrig.
Irgendwann beobachteten die eingeweihten Eisenbahner, dass die Ballen kleiner und weniger wurden. Was war passiert? Da musste doch tatsächlich ein findiger Genosse auf die geniale Idee gekommen sein, man könnte eigentlich mit den gestohlenen Büchern auch noch gute Geschäfte machen. Welchen Dank und welche Ehrungen er dafür erhielt, ist lei-

der nicht überliefert. Tatsache ist, dass von nun an die Bücher nicht mehr vernichtet wurden. Vor dem Leipziger Zentralantiquariat parkten ständig Lastwagen mit Anhänger, die ihre Fracht nach München brachten. Die Diebe verkauften ihre Beute an die Bestohlenen.
Und das lief so: Ein guter Freund versuchte es – gegen alle Erfahrung - mir doch ein Buch per Post zu schicken. Das wurde natürlich beschlagnahmt, landete in Leipzig und wurde von dort nach München verkauft. Da konnte mein Freund das Buch „antiquarisch" wieder erwerben und erneut an mich schicken. Nun soll nur noch einer kommen und die uralte Weisheit verkünden, es gäbe kein perpetuum mobile. Die DDR konnte den Gegenbeweis antreten.

Was Wissenschaft, was Wahrheit ist, das bestimmte die Partei.
Was Kunst ist, bestimmte Walter Ulbricht.
Beim Erstdurchgang durch die DDR-Kunstausstellung in Dresden bleibt er vor einem allein hängenden Bild in einem kostbaren Barockrahmen stehen:
„Nu, nu – was ist denn das? – Ein Ziegenbock?" –
„Nein, Genosse Vorsitzender, das ist ein Spiegel."

Lotte ruft abends ihren Mann ins Wohnzimmer:
„Walter, komm mal schnell! Die Mireille Mathieu singt!"
„So, ist das ein Schiff von uns?"

Walter Ulbricht fährt in Zwickau zur letzten Steinkohle-Förderschicht ein. Auf der ersten Sohle wird der Förderkorb aufgerissen.
Ein Bergmann steht stramm zur Begrüßung.
„Nu, nu, was bist denn du für einer?"

„Ich bin hier der Steiger!"
Er klopft ihm auf die Schulter.
„Ab heute bist du Obersteiger!"
„Danke, Genosse Ulbricht."
Zweite Sohle bei offenem Förderkorb:
„Nu, nu, Genosse, was bist denn du für einer?"
„Ich bin der Hauer."
„Ab heute bist du Oberhauer."
„Danke, Genosse Ulbricht!"
Dritte Sohle:
„Nu, nu, nu, was bist denn du für einer? Hä, was bist du denn für einer?"
„Ich bin Schlesier."
„Ab heute bist du Oberschlesier." ...

Westreisen

Während ich meine Erinnerungen zu Papier bringe, wird mir bewusst, dass unser Leben in der DDR der heutigen und der künftigen jungen Generation kaum noch glaubhaft zu vermitteln sein wird. Wer ist denn schon in der Lage zu begreifen, dass die einzige Logik im Unlogischen bestand, die einzige Wahrheit in der Lüge und die verlässliche Stabilität die Instabilität darstellte. Hoch verdiente und hochgeachtete Persönlichkeiten werden über Nacht zur Unperson erklärt, wie zum Beispiel der Außenminister Georg Dertinger mit seiner Familie. Wird es in Zukunft noch jemandem einsichtig sein, dass jede Reise von einem Teil Deutschlands in den anderen der willkürlichen Genehmigung oder Ablehnung durch die Partei und ihre machtbesessenen Funktionä-

re bedurfte? So sah sich der bravste DDR-Bürger ständig dem Zwang ausgeliefert, Löcher und Lücken in dem System zu entdecken, um durch sie geschickt hindurchschlüpfen zu können. Es galt der Slogan: *„Wer diesen betrügerischen Staat nicht betrügt, gehört eigentlich hinter Gitter."*
Der Antrag auf eine Besuchsreise in die BRD oder DDR musste für uns persönlich im Volkspolizei-Kreisamt Bautzen gestellt werden. In den endlos langen Fluren bildeten sich stundenlange Warteschlangen vor bestimmten Zimmern zu bestimmten Tagen. Es herrschte eisiges Schweigen. Kaum dass man einen Bekannten durch Blickkontakt begrüßte. Wie sagte es doch der Pole Jerzy Lec: *„Wenn du mit einem Löwen in einer Höhle haust, versage ihm nie deine Hochachtung."*
Die Flurfenster waren eingebaut, um Licht und Luft herein- und den Blick in den Hof hinauszulassen. Genau das durften sie nicht: Die Fensterklinken waren nämlich abgeschraubt und die Scheiben dicht mit weißer Farbe bestrichen. Was sich dahinter verbarg, scheute das Licht: Mielkes Stasi-Sondergefängnis „Bautzen II". Nur wenn den dort tätigen Volkspolizisten im Hochsommer einmal die Atemluft zu dick wurde, kam einer mit einem Spezialschlüssel und öffnete ein Fenster einen schmalen Spalt. Wer jetzt in der Schlange stand, dem bot sich das einmalige Erlebnis, das er nie vergessen würde: Der Blick fiel auf eine riesige Häuserwand mit zu vermutenden, aber nicht sichtbaren ungezählten Fenstern. Sie waren alle mit einer schrägen Blechblende verschlossen, an deren Oberseite Licht und Luft durch einen schmalen Spalt hereinkam. Der Gefangene sah nur ein Segment des Himmels, nie aber die Erde. Alles war planmäßig so berechnet, dass einem außen Vorbeigehenden auch nicht der leiseste Verdacht aufkommen konnte, hinter Fassade und Mauer könnte lichtscheues Gesindel ihr Unwesen trei-

ben: Von keinem der umliegenden Häuser konnte man in den Gefängnishof blicken. Direkt an der Ecke hatte man die Mauer so gebaut, dass ein von außen stets offener Kinderspielplatz direkt ins Gefängnisgelände hineinreichte. Muttis, Omas und Kinder konnten verschlossene Transporter beobachten, die vitaminreiches Sachsenobst zur Pforte hineinbrachten, wie es die Reklame mit überdimensionalen Früchten verlockend anpries. Dass die Laster jedoch kein Obst, sondern Häftlinge in winzigen eingebauten Einzelzellen ohne Fenster anlieferten, konnte ja keiner vermuten.
Ob die Bautzener Bevölkerung wirklich nichts davon wusste oder ahnte? – Der Spielplatz ist inzwischen zum Parkplatz umfunktioniert worden.
Auch wer das Glück hatte, mit Bautzen II nie in Berührung zu kommen, empfand es als bedrückend und entwürdigend, immer wieder dort erscheinen zu müssen. Wie hieß es damals? *„Lieber im Zug nach Bautzen stehen als in Bautzen sitzen.“*
Mich verbinden mit dem Polizeigebäude zwiespältige Gefühle, deren Ursache ich mir jahrelang nicht erklären konnte. Stellte ich einen Antrag zur Besuchsreise eines Verwandten oder Freundes zu mir, wurde das immer ohne Begründung abgelehnt. Als ich den mächtigsten Mann, den Leiter des Volkspolizei-Kreisamtes, in seiner Sprechzeit aufsuchte, erklärte er mir, dass dies alles nur zu meinem persönlichen Schutze geschieht. (Aus dem Dritten Reich stammt der Begriff „Schutzhaft“.) Immer, wenn ich mit derselben Frage hinkam, erhielt ich die gleiche Antwort, und das über fünfzehn Jahre. Bis ich es aufgab und keinen Antrag mehr stellte. Ich hatte ja drei verheiratete Töchter, die nicht mehr meinen Namen trugen. Sie beantragten nun die Einreise für meinen Besuch, und es klappte fast immer.
Völlig anders lief es, wenn ich meine im Westen lebende

Mutter besuchen wollte. Dazu brauchte man die amtliche Bescheinigung akuter Lebensgefahr. Der Termin meiner Reise war bereits mit Mutter bei ihrem letzten Besuch vereinbart. Also ging sie zu ihrem behandelnden Arzt.
„*Wie geht es Ihnen?*“, fragte er freundlich.
„*Danke, sehr gut!*“ –
„*Das werde ich Ihnen sagen, wie es Ihnen geht*“, erwiderte er raubeinig.
Dann füllte er das Telegramm aus, ließ es amtlich bestätigen und Mutter schickte es ab. Es entsprach genau den Vorschriften und war noch nicht einmal gelogen, denn Mutter litt tatsächlich an Angina pectoris. Ohne Wenn und Aber wurde die Reisgenehmigung erteilt. Ich wusste es inzwischen immer schon, hatte keinerlei Zweifel. Aber ich verstand den Widerspruch nicht.
Erst nach Einsicht in die Stasi-Akten konnte das Rätsel gelöst werden: Die Strategie der SED war, mir das Leben in der DDR so bitter wie möglich zu machen und darauf hinzuarbeiten, dass ich mich nach dem Westen absetzte. Dann wären sie einen unbequemen Bürger los. Am liebsten hätten sie mich natürlich in flagranti bei der Republikflucht in die Falle gelockt, in Bautzen II eingesperrt, um mich dann von der westdeutschen Kirche für harte Währung auskaufen zu lassen. Diesen Gefallen wollte ich ihnen aber nicht tun.

Trotzdem enthielten meine jährlichen Westreisen immer noch genügend Zündstoff. Mutter lebte in Gütersloh, meine einzige Schwester in Paris. Dort wollte ich einmal hin. Dazu aber brauchte ich einen Personalausweis der BRD. Zwar besaß ich die Genehmigung, die BRD zu besuchen, aber nicht Frankreich. Das wäre zu gefährlich geworden. Ich wollte ja wieder zurück.
Es gab damals wohl keinen DDR-Bürger, der das Denken

noch nicht den Pferden überlassen hatte, weil sie größere Köpfe hatten, wie es im Landser-Jargon der Wehrmacht hieß, der keine logische Begründung für unser Eingesperrtsein hätte akzeptieren können. Es gab damals Lehrer, die Englisch unterrichteten, aber bisher noch nie einen leibhaftigen Engländer gesehen hatten. So gab es Französisch-Lehrer, die nie mit einem Franzosen gesprochen hatten. Was wollten deutsche Lehrer ihren Schülern von Deutschland erzählen, die nur die DDR kannten, den Kölner Dom aber nur vom Foto her. Und was nützte es dem eifrigst bemühten Erzieher, seine Begeisterung für den Louvre auf die Schüler zu übertragen, wenn er sich damit der Gefahr aussetzte, wegen illegaler Grenzüberschreitung nachträglich ertappt zu werden. Sein Wissen und seine Begeisterung hätten ihn verraten. Pädagogik mit Hand-, Fuß- und Hirnfesseln!

Also ging ich aufs Gütersloher Rathaus und erklärte dem zuständigen Herrn meinen Wunsch.

„Wann brauchen Sie den neuen Ausweis?“

„Eigentlich erst vorgestern.“

Der gute Mann trat ans Fenster und zeigte mir den Weg.

„Dann gehen Sie hier diagonal über den Platz. Da kommen Sie an einen Fotomaton-Laden. Dort werfen Sie eine D-Mark ein und kommen mit den neuen Passbildern zu mir.“

In wenigen Minuten war ich zurück und durfte in dem tiefen Wartesessel Platz nehmen. Es dauerte gar nicht lange, da rief er mich schon auf:

„Sie erhalten jetzt den gültigen BRD-Ausweis und lassen Ihren so lange hier, bis Sie die Rückreise antreten. Ihr neuer Ausweis bleibt in Zukunft immer für Sie hier hinterlegt. Sie können ihn jederzeit wieder in Empfang nehmen.“

Ich war gerührt, konnte es kaum fassen, dass ich nun Bundesbürger auf Zeit geworden war. Und ich bedankte mich artig:

„Wissen Sie, das werde ich Ihnen nie vergessen! Wenn wir Sie eines Tages befreien kommen, das verspreche ich Ihnen, Sie werden nicht gequält, Sie werden sofort erschossen. Das haben Sie wirklich verdient!"
Nun konnte er erleichtert aufatmen.

Die Rückfahrt im Zug gestaltete sich oft zu einem eigenen Abenteuer. Meist fiel ich in dem „Mumien-Express" schon durch mein jugendliches Alter auf. Es saßen ja fast nur ältere oder alte Frauen im Abteil, die als Rentner das Privileg erworben hatten, nach Westdeutschland reisen zu dürfen.
Einmal kam ich durch meine bestellte Platzkarte neben einer sehr alten Frau zu sitzen, die wie ein zusammengefallenes Häuflein Elend in ihrer Ecke hockte, ins Leere starrte und ständig mit dem Kopf wackelte. Obwohl ihr Mund stets offen blieb, gab sie keinen Ton von sich. Sehr vorsichtig, um ja nicht aufzufallen, beobachtete ich sie durch meine halb geschlossenen Augen, indem ich mich schlafend stellte. Merkwürdige Gedanken stiegen in mir hoch, die in dem Vorwurf mündeten: Wie können Angehörige eine Frau in diesem hilflosen Zustand, noch ohne Begleitung auf die Reise schicken. Wer übernimmt die Verantwortung, wenn hier etwas passiert ...! Innerlich beschimpfte ich ihre gewissenlosen Verwandten. Hin und wieder flammte ein kurzes Gespräch zwischen zwei oder drei Mitreisenden auf. Sie reagierte überhaupt nicht.
Es kam die Grenzkontrolle: *„Bitte Ihre Ausweise und Aufenthaltsgenehmigungen bereithalten!"* Wir hatten sie längst in der Hand. Meine Nachbarin schien auch taub zu sein. Sie starrte mit offenem Mund und beschleunigtem Kopfwackeln auf die Abteilwand gegenüber. Erst auf mehrmaliges, aber vorsichtiges Auffordern der uniformierten Grenzer rückte sie die Papiere wortlos heraus. Die Staatsdiener schienen

hier Gefahr zu wittern und verschwanden, so schnell sie konnten.
Inzwischen rollte der Zug schon eine Weile auf DDR-Gebiet. Angsteinflößende Uniformen schienen verschwunden. Nur die Eisenbahner trugen noch welche, die harmlos wirkten. Langsam kam die Unterhaltung in Gang. Da geschah etwas vor unser aller Augen, worauf niemand von uns vorbereitet war: Das starre Häuflein Unglück neben mir reckte und streckte sich, saß aufrecht, strich sich die Haare aus dem Gesicht, der Mund war plötzlich verschlossen, das Kopfwackeln wie weggeblasen. Sie konnte sogar sprechen! Die ganze Strecke hatten wir keinen Laut von ihr gehört. Nun redete sie ihr Gegenüber an. *„Sie wissen doch, dass Sie in Magdeburg umsteigen müssen. Wir kommen 11.15 Uhr auf Bahnsteig 4 an. Sie haben nur 10 Minuten Zeit, um auf Bahnsteig 2 zu kommen."* Es schien, als hätte sie den gesamten Fahrplan im Kopf, denn sie gab freimütig Auskunft. Aus dieser hässlichen Puppe war ein strahlender Schmetterling geschlüpft.
Ein Vierteljahr später traf ich meinen „Schmetterling" wieder: Auf einer kirchlichen Ärztetagung hielt sie, die Frau Chefärztin, das Hauptreferat. In der Kaffeepause hatte ich Gelegenheit, ihr zu der gelungenen Verwandlung herzlich zu gratulieren und meiner Bewunderung Ausdruck zu verleihen. Mit dem folgenden lauten Gelächter zogen wir ungewollt die Aufmerksamkeit der meisten Teilnehmer auf uns. Das hemmte unsere Freude nicht. Ich habe sie nicht gefragt, was sie damals geschmuggelt hat. Aber ich vermute, es waren Bücher.

Nicht alle reisenden Rentner schienen von dem unstillbaren Verlangen geplagt zu sein, von ihrem Verwandtenbesuch den Mitreisenden berichten zu müssen. Aber extreme Erleb-

nisse erzwangen das Aussprechen. *„Wes das Herz voll ist, des fließt der Mund über.“*
Als ich das Abteil in Gütersloh betrat, begann sie gerade zu berichten: Sie war vier Wochen bei ihrer Tochter in der Nähe um Düsseldorf, die sich einer notwendigen Rückenoperation unterziehen musste. In der Zeit waren drei vorschulpflichtige Enkel zu betreuen. Schwiegersohn arbeitet auswärts und kommt erst abends nach Haus. Es war anstrengend gewesen, aber sie habe alles in den Griff bekommen, so dass sich die Tochter beruhigt Operation und Genesung hingeben konnte. Nun war sie aus dem Krankenhaus entlassen und begann langsam, Kinder und Haushalt wieder in die eigenen Hände zu nehmen.
Bei Oma lief die genehmigte Aufenthaltsfrist auch ab. Die Südfrüchte für die Ostenkel waren eingekauft.
„Meiner Tochter war es nicht auszureden, dass sie mich selbst von dem Dorf zum Düsseldorfer Bahnhof bringen würde. Es war ihre erste Fahrt nach der OP. Sie sei ja wieder gesund, und sie wird Oma doch nicht etwa mit dem Taxi zum Zug bringen lassen, wo sie doch selbst wieder fahren könne. Das will sie Oma in keinem Falle zumuten. Sie sei doch zu dankbar für Omas Einsatz, ohne den überhaupt keine Behandlung möglich gewesen wäre. Es nahte der 6. Dezember, der Abreisetag. Die Wetterlage schien günstig: Noch kein Schnee! Trotzdem hatte ich beim Einsteigen kein gutes Gefühl. Ich bat sie, langsam zu fahren, wir hatten ja genügend Zeit. Unterwegs fiel uns auf, dass wir immer wieder Autos sahen, die im Straßengraben lagen. Merkwürdig! Wie kommt das nur? Nirgends Schnee! Plötzlich rutschten wir weg, drehten uns im Kreis und kamen auf der Straße wieder in Fahrtrichtung zum Stehen. Sofort dachte ich an meine operierte Tochter. Wir stiegen aus, wie es schien, ohne Verletzung, ohne Schramme. Und erst jetzt bemerkten wir die Glatteisstellen. Wir beide zitterten. Aber wir

konnten weiterfahren im ersten und zweiten Gang. Der Schock sitzt mir noch immer in den Knochen!"
Es dauerte nicht lange, da kam auch schon die Grenzkontrolle. Als unsere Namen auf der Fahndungsliste nicht zu finden waren, erhielten wir unsere Ausweise zurück. Wir wurden aufgefordert, das Abteil zu verlassen und im Gang zu warten. Wir alle, außer der Oma, die von Düsseldorf kam. Unser Gepäck durften wir im Abteil lassen. Brav gehorchend blieben wir schweigend im Durchgang stehen. Es dauerte länger, als wir erwartet hatten, bis sich die Tür öffnete und man uns aufforderte, wieder Platz zu nehmen. Die Zöllner waren verschwunden. Aber was sich uns jetzt bot, erschütterte uns doch: Das gesamte Gepäck der alten Dame lag ausgebreitet auf sämtlichen Sitzen. Mitten drin die Oma, zitternd und tränenüberströmt.
„Als ob ich heute nicht schon genug durchgemacht hätte. Nun auch noch das!" –
Lautlos griffen wir alle zu und sammelten Apfelsinen, Bananen, Pfirsiche in die leergeräumten Taschen und Netze.
„Die Südfrüchte muss ich doch für meine Görlitzer Enkel mitbringen. Mehr habe ich überhaupt nicht. Und weshalb diese scharfe Kontrolle? Weshalb das alles bei mir?"
Alle schwiegen, bis ich das Wort ergriff:
„Ich und alle anderen im Abteil sind den Staatsorganen sehr dankbar, dass man Sie so gründlich kontrolliert hat."
Erstaunte Blicke.
„Aber ich habe doch gar nichts bei mir! Wieso denn ich?"
„Gerade deswegen. Stellen Sie sich vor, man hätte mich kontrolliert."
Ich öffnete meine Aktentasche, die voller Bücher steckte.
Angeregtes Schmunzeln, aber kein Wort.
In Magdeburg half ich einer alten Dame aus unserem Abteil, ihr Gepäck auf den Bahnsteig zu laden. Dabei flüsterte sie mir zu:

„Das haben Sie aber vorhin richtig gesagt. Sehen Sie mal, der Pelzmantel hier ist auch ganz neu!“
Ich bin mir ziemlich sicher, dass sich die machtbewussten Kontrolleure sofort auf die ängstlich und unsicher wirkende Frau gestürzt haben, indem sie in ihr eine lohnende Beute vermuteten. Gerne hätte ich sie davor bewahrt, wenn ich es nur vermocht hätte.

Eine weit verbreitete Erfahrung im Umgang mit den Grenzkontrollen besagte: *„Hüte dich vor den Flintenweibern. Das sind die Schlimmsten!“*
Auf einer meiner Heimfahrten geriet ich in ihre Fänge:
„Ist das Ihr Koffer? – Nehmen Sie ihn herunter. Öffnen Sie ihn!“
Und schon wühlte sie in meinen Sachen. Ich musste der Versuchung widerstehen, ihr massiv auf die Finger zu klopfen. Nun hatte sie endlich etwas Strafbares entdeckt, legte es heraus und drehte die Beute genüsslich vor ihren Augen.
„Sie wissen, dass die Einfuhr von Druckerzeugnissen verboten ist. Das Buch wird beschlagnahmt.“
Es war ein Taschenbuch von Ephraim Kishon.
Gleich fertigte sie ein Protokoll an:
„Name, Vorname, Adresse, Beruf?“
„Lehrer.“
„So, so, Lehrer sind Sie?“
Ach wenn ich ihr wenigstens hätte ein Ohrfeige, eine einzige verpassen können! - So sehr ich den Verlust des Buches bedauerte, so sehr freute ich mich darauf, wie ich ihr den Spaß an der nun folgenden Staatsaktion vermasseln würde: Ich wusste, dass sie Anzeige erstatten würde beim zuständigen Schulrat des Kreises Bautzen, damit dieser dann jenen unbotmäßigen Lehrer, der es gewagt hatte, ein Buch des Klassenfeindes einzuschmuggeln, als abschreckendes Beispiel bestrafen würde. Vielleicht konnte man einen solchen

Sünder in den amtlichen Bekanntmachungen als Warnung vor Nachahmung veröffentlichen. Denn ein solches Vergehen konnte man nicht ungesühnt geschehen lassen. Ich freute mich an dem Gedanken, wie sie diesen Lehrer in allen Karteien suchen, aber nicht finden würde, denn es gab ihn nicht. Er war Katechet und unterstand dem Schulrat nicht.
Als die Dame siegesgewiss mit ihrer Beute von dannen zog, wünschte ich ihr noch viel Spaß beim Lesen.

Die Beerdigung

Oberstudienrat K. vom Gymnasium war gestorben. Unser alter schlesischer Pfarrer Grünig ließ mich in die Sakristei holen. *„Hoffentlich verlangt die Witwe nicht eine kirchliche Beerdigung!"* Der Verstorbene hatte sich in all den Jahren seit der Vertreibung aus dem Sudetenland nicht einmal in einem Gottesdienst sehen lassen. Außerdem war er SED-Genosse, wenn auch zu vermuten war, dass er in seiner Partei genau so aktiv wie in der Kirche war. Wir nannten die Sudentendeutschen immer spöttisch „die bömisch-katholischen".
Das Unglück wollte es, dass die Witwe zum Pfarrer kam und die kirchliche Beerdigung erbat: *„Man hat mir ein Partei-Begräbnis angeboten. Ich habe abgelehnt! Mein Mann ist katholisch getauft, gefirmt, katholisch verheiratet. Und er wird katholisch beerdigt!"*
Jetzt abzulehnen, das vermochte der gute Pfarrer nicht. Aber seine Hilflosigkeit rührte mich an.
„Und wenn das gesamte atheistische Lehrerkollegium teilnimmt? Und dazu die aufgehetzten Schüler. Das gibt eine Katastrophe, die ich nicht in den Griff bekomme."

Kaplan Schwarzer

So fuhr ich nach Meißen, bat Kaplan Schwarzer um Hilfe. Er sagte zu und kam. Nun war ich überzeugt, dass nichts mehr schiefgehen konnte. Die Friedhofskapelle konnte die Menge der Teilnehmer nicht fassen. Der größte Teil musste vor der offenen Tür stehen bleiben. Der Begräbnisritus verlief streng liturgisch. Das raubte manchem militanten Marxisten schon die Luft zum Atmen, so dass einige sich mit aller Kraft mitten in der Andacht zum Ausgang durchkämpften. Draußen lag hoher Schnee. Der Kaplan erstieg einen vereisten Erdhügel, blickte zu Boden – und schwieg. Die Masse der Lehrer und Schüler sammelte sich um das offene Grab. Eisige Stille breitete sich aus. Der Kaplan schien zum Denkmal erstarrt zu sein. Ein beklemmender Anblick. Und es geschah nichts. Oder doch? Nur die Lehrer schauten sich hilfesuchend an. Nichts! Erst am Höhepunkt der Spannung hob er den Kopf, blickte sie an und sprach:

„Jugend! Euer verstorbener Lehrer möchte euch jetzt etwas sagen, was er zu Lebzeiten nicht zu sagen vermochte: Ich – glaube – an Gott! Wenn es nicht so wäre, stände ich sicher nicht hier ...“

Und dann fuhr er auf mit den so hoch gepriesenen Naturwissenschaftlern und zitierte sie, von Kopernikus und Galilei bis Heisenberg und Einstein. Das interessierte die Schüler. Aber das hatte niemand erwartet, niemand vorausgesehen. Mehr und mehr hingen sie an seinen Lippen. Darüber hatte noch nie ein Lehrer mit ihnen gesprochen. Aus der Neugier erwuchs das Interesse, aus dem Interesse entwickelte sich Begeisterung. Es hätte nicht viel gefehlt, und sie hätten Beifall geklatscht. Für die Genossen aber eine verlorene Schlacht. Wie hätte man das auch verhindern können? Wer hätte das geahnt, dass ein junger Kaplan einen solch schädlichen Einfluss auf die Jugend ausüben könnte. Kaplan, was ist das überhaupt? – War jetzt noch Schadensbegrenzung möglich?

Noch am selben Abend wurde die SED-Betriebsgruppe zusammengerufen. Am nächsten Morgen wurde dem Lehrerkollegium bekanntgegeben, dass die erste Stunde auf allen Stufen vom Klassenleiter zu halten sei. Der Lehrplan wird außer Kraft gesetzt. Einziges intensiv zu bearbeitendes Thema: Die gestrige Beerdigung und die schamlose Hetzrede dieses Klassenfeindes. *„Ich bekomme noch heute einen Vollzugsbericht mit einer kritischen Beurteilung dieser heutigen ersten Stunde“*, lautete der Befehl des Direktors.

Jedermann

Im Jahre 1950 rüstete sich das Städtchen Nossen zu einem Heimatfest aus Anlass des „fünfjährigen demokratischen Aufbaus". Das Sprachrohr der SED war die „Nationale Front des demokratischen Deutschlands". Mühsam stellte man ein Veranstaltungsprogramm zusammen. Stolz präsentierte man in der Puppenfabrik eine Ausstellung der demokratischen Errungenschaften. Die Schulen mussten Sportwettkämpfe veranstalten. An politischen Rednern fehlte es der Partei nie. Nur beim Kulturprogramm klaffte eine erhebliche Lücke. Große Sprünge konnte sich das Städtchen finanziell nicht leisten. Kultur aber war wichtig, besonders schon deshalb, weil man die Lebensmittelkarten noch nicht abgeschafft hatte. So konnte die Regel „Zuckerbrot und Peitsche" nicht funktionieren, weil das Zuckerbrot fehlte. Hilflosigkeit beim Festkomitee. Da ging ich hin und bot meine Hilfe an: Ich hätte einen Vorschlag zu machen. Wie mir zu Ohren gekommen ist, existiert in Dresden eine Laienspielschar, die das Stück „Jedermann" von Hugo von Hofmannsthal aufführt. Und da es ja zum nationalen Kulturerbe gehört, dachte ich, es könnte ein wichtiger Beitrag zum Heimatfest werden. Die Adresse eines Ansprechpartners hatte ich vorsorglich mitgebracht. Man möge diese Anregung prüfen oder verwerfen. Und was die Finanzen anbetrifft, vermute ich, dass sie mit der Begleichung der Unkosten zufrieden sein werden, da sie ja keine Berufsschauspieler seien. Sagte es und verschwand.
Die Verantwortlichen steckten die Köpfe zusammen. Niemand kannte das Stück. Woher auch? Aber „nationales Kulturerbe", das klang gut. Eilig blätterte man im alten Lexikon: „Hugo von Hofmannsthal (1874 – 1929), Schriftsteller, Neuromantiker". „Jedermann" (1911), allegorisches Spiel vom

Sterben des reichen Mannes, Nachdichtung eines englischen Mysteriumspiels aus dem 15. Jahrhundert ..." Man fand nichts Anstößiges, keinen Faschismus, keine Kriegshetze. Von keiner Seite kamen Bedenken. Und wer welche hatte, behielt sie für sich. So stimmte der Festausschuss dem Vorschlag zu und lud die Spielschar ein.
Natürlich hütete ich mich, verlauten zu lassen, dass ich jedes Mitglied der Gruppe gut kannte. Es waren ja alles aktive Glieder der Dresdner Gemeinden. Und ich hatte alle Einzelheiten mit ihnen vereinbart. Sie freuten sich auf das Abenteuer, im städtischen Saal von Nossen als Christen auftreten zu können. Unvergesslich war und ist mir ihre Aufführung in der Ruine der Dresdner Hofkirche. Die Seitenwände standen noch. Durch die leeren Fensterhöhlen drang der Straßenbahnlärm. Der Sternenhimmel ersetzte das Kirchengewölbe. Wir saßen zwischen den Trümmern auf provisorischen Bretterbänken und waren fasziniert von der ungewöhnlichen Atmosphäre und dem beeindruckenden Spiel.
Es kam der Tag der Aufführung. Der Sachsenhofsaal war überfüllt. Eine spürbare Spannung lag in der Luft, eine Mischung aus Skepsis, Erwartung und dem Misstrauen, wenn das nur gut geht!
Der Kaplan hatte eine Gruppe der Pfarrjugend vorn neben die Bühne platziert. Ehe der Vorhang sich öffnete, sangen sie zur Einstimmung den Eichendorff-Kanon:

Schläft ein Lied in allen Dingen,
Die da träumen fort und fort.
Und die Welt hebt an zu singen,
Findst du nur das Zauberwort.

Bald zog die Handlung alle Anwesenden in ihren Bann und erreichte ihren dramatischen Höhepunkt, als aus mehreren

Richtungen wie aus großer Ferne der Ruf „Je-der-mann! – Je-der-mann!“ in den finsteren Saal drang. Es schien, als ob allen der Atem stockte, als in der Dunkelheit ein weiß leuchtender Totenschädel sich langsam seinen Weg durch die Zuschauerreihen bahnte. Erst als er nah genug war, konnte man erkennen, dass er zu einem bleichen Skelett gehörte. Gevatter Tod holte Jedermann ab. Darauf war keiner im Publikum vorbereitet. Am Schluss verließen die Zuschauer tief beeindruckt, schweigend den Saal.
Nun war es offenbar und nicht mehr zu leugnen, dass Hugo von Hofmannsthal mit seinem Jedermann in keiner Weise in ein kommunistisches Stadtfest passte. Das gab natürlich ein Nachspiel: Wie konnte das passieren? Wer verantwortet das? – Man schob sich gegenseitig die Schuld zu. Die Bevölkerung aber war begeistert und drückte ihre Dankbarkeit aus. Und ich rieb mir die Hände vor Freude über den gelungenen Husarenstreich.

An den Autobahnbrücken fiel einem damals der erhebende Appell ins Auge: „Erstürmt die Höhen der Kultur!“ – Darüber prangte in aller Bescheidenheit ein kleines Schild mit dem Hinweis: Lichte Höhe 4,20 m.

> Ein Genosse Fremdenführer zeigt einem amerikanischen Touristen Moskau. Am Hauptbahnhof erklärt er: *„Hier fährt jede Minute, Tag und Nacht, jede Minute ein Zug ab. Du verstehen?“*
> Schaut der Ami auf seine Uhr: *„There are 50 Minutes, but kein Zug!“*
> *„Und ihr in Amerika böse auf Neger!“*

Machtmissbrauch

Wenn ich heute die Ereignisse und Erlebnisse der DDR-Zeit an meinem geistigen Auge vorbeiziehen lasse, frage ich mich immer wieder: Wo liegen die tiefsten Wurzeln für so viel Akte der Menschenverachtung? Das Christuswort: „Urteilt nicht, damit ihr nicht verurteilt werdet!“, hat mich oft vor unbedachtem Urteil bewahrt. Nicht das Urteil, sondern die Ursache wollte ich ergründen. Bin ich auf dem richtigen Weg, wenn ich die Lehre des Nationalsozialismus für Auschwitz verantwortlich mache? Oder sollte ich meinen Blick auf den Lagerkommandanten Rudolf Höß richten, auf ihn und seine willigen Befehlsempfänger, zu denen er ja auch gehörte. Sollte er selbst eher Opfer als Täter sein? Das kann doch nicht stimmen! Bleibt nicht bei allem mehr oder weniger fadenscheinig begründbaren Befehlsnotstand doch noch ein persönliches Gewissen, vor dem ich mich verantworten muss, auch wenn ich keinen Gott anerkenne?
Nach den Gesetzen der DDR genossen kinderreiche Familien den besonderen Schutz und die verstärkte Förderung des Staates. Unsere Familie war auf vier Kinder angewachsen, als das fünfte sich anmeldete. Haushaltshilfen oder Kindermädchen gab es nicht. Wovon hätte ein kirchlicher Angestellter sie auch bezahlen können? So lag die Hauptlast des Haushaltes und der Erziehung auf meiner Frau, während ich im Beruf voll eingespannt war, zumal dieser auch ständig Dienstreisen einschloss.
Es ist seit Jahrtausenden überliefert, dass eine Frau, wenn ihre Stunde naht, Anspruch auf fremde Hilfe besitzt, um so mehr, je größer die Familie ist. Diesen Dienst versah regelmäßig meine in Westfalen lebende Mutter. Zu diesem Zweck stellte ich den Antrag auf ihre Einreise nicht wie vorgesehen

vier Wochen, sondern zur Sicherheit bereits fünf Wochen vor dem voraussichtlichen Termin. Man kann ja nie wissen ... Nicht auszudenken, wenn hier etwas durch mein Versäumnis schief ginge! Eine Katastrophe!

Pünktlich nach 14 Tagen rief ich in Bautzen an: *„Noch nicht genehmigt!“*

Ich fuhr nach Bautzen. *„Noch nicht genehmigt!“*

Nun im täglichen Wechsel: Anruf – Hinfahren, Anrufen – Hinfahren.

Antwort: *„Es liegt nicht an uns.“*

„Wohin kann ich mich noch wenden?“

„Das wissen wir auch nicht, wer das bearbeitet.“

Der Termin rückte immer näher. Mutter saß auf dem gepackten Koffer. Mich beschlich die Angst. Die Wut kochte hoch. Bleib ruhig, beherrsche dich. Sie sitzen am längeren Hebel. Sie haben die Macht. Denk an Bautzen II, Mielkes Lieblingsgefängnis. Denk an Außenminister Georg Dertinger! – redete ich mir ein. Und ich blieb gleichmäßig devot, freundlich, höflich, gehorsam. Nur keinen Fehler machen! Nacht für Nacht rief Mutter beim Pfarrer an. Ich hatte ja kein Telefon, stand mir nicht zu. Mutter litt an Angina pectoris. Wenn sie nur durchhielt! Am 6. Juli 1967 war ich noch dort, um mir in Zimmer 5 die tägliche Absage zu holen.

Am 7. Juli früh setzten die Wehen ein. Ich fuhr meine Frau nach Bautzen in die Klinik. Vier Kinder allein zu Haus. Ich konnte meine Frau nicht beruhigen.

„In einer halben Stunde bin ich zu Hause. Bis dahin wird schon nichts passieren. – Und die müssen die Genehmigung ja mal rausgeben ...!“

Es half alles nichts. Meine Frau glaubte mir nicht. Ihre Spannung hatte den höchsten Steigerungspunkt erreicht: Kein Wunder, nach all dem, was sich in den letzten Tagen und Stunden bei uns abgespielt hatte! Wie soll unter diesen

Umständen eine Entbindung harmonisch verlaufen? Wenn das die Mutter nur übersteht! Wenn das Kind keinen Schaden nimmt! - Losfahren oder dableiben? Dass der Vater bei der Entbindung anwesend sein konnte, das gab es damals noch nicht. Und hätte es meine Frau beruhigt, wenn sie an die vier Kinder ohne Betreuer gedacht hätte? Das jüngste war gerade 2 Jahre alt. Die Angst malt ja bekanntlich die schlimmsten Dämonen an die Wand. Mit guten Ratschlägen und Beteuerungen verabschiedete ich mich von meiner Frau.
„Ich bete für dich und das Kind!“
Und ich bestürmte den Himmel. Das hinderte mich aber nicht, den Trabi vor dem Kreisratsamt zu parken und am Pförtner vorbei in den 4. Stock zu stürmen. Dort vor Zimmer 5 die übliche schweigende Schlange mit den apathischen Gesichtern. Wir hatten es gelernt, in den Gängen und Fluren dieser Gebäude stundenlang stumm anzustehen. Als ich an der Reihe war, bekam ich die erwartete Absage – zum wievielten Male eigentlich schon? Ich hatte sie nicht gezählt. Nun zerriss mein Geduldsfaden endgültig. Ich rannte die Treppe hinunter zum 1. Stock. Am Türschild: „Rat des Kreises Bautzen, Der Vorsitzende“ klopfte ich und ging sofort hinein. Die Vorzimmerdame schaute mich empört an:
„Bitte?“
„Ich möchte den Vorsitzenden des Rates des Kreises sprechen!“
„Der ist nicht im Haus.“
„Dann möchte ich von Ihnen eine Auskunft haben: Ich kam heute auch nicht dazu, Nachrichten zu hören, damit ich nichts falsch mache. Sind die Nazis wieder an der Regierung? Ist dieses Haus heute wieder von den Faschisten besetzt?“
Die Dame erstarrte: *„Ich verstehe Sie nicht!“*
Also wiederholte ich meine Frage.
„Was meinen Sie damit?“ – Sie musste mich für einen Verrückten halten – mit recht.

Also versuchte ich, mich zu erklären:
„Vor fünf Wochen habe ich einen Antrag auf die besuchsweise Einreise meiner Mutter aus dem Westen gestellt. Begründung: Wir erwarten unser fünftes Kind und brauchen dringend ihre Hilfe. Seit drei Wochen frage ich täglich persönlich bei Kollegin L. in Zimmer 5 an und erfahre immer die gleiche Auskunft: ‚Noch nicht genehmigt. Wer das bearbeitet, wissen wir nicht.' Soeben habe ich meine Frau in die Klinik gebracht. Vier kleine Kinder sind ohne Aufsicht und Betreuung. Wie unter diesen Umständen eine ungestörte Entbindung vonstatten gehen soll, ist mir ein Rätsel. Ich kann mir nicht vorstellen, dass demokratische Behörden der DDR die humanistischen Gesetze unseres Staates sabotieren oder außer Kraft setzen, zum Beispiel die Förderung und Unterstützung kinderreicher Familien. Das ist doch nur im Faschismus möglich. Aber wir sind auch weder Juden noch Zigeuner. Auch bin ich mir keines Verbrechens bewusst, das Anlass zu einer Bestrafung geben könnte. Und wenn Bestrafung, dann müsste sie uns doch mitgeteilt werden. Es ist mit der Verfassung unseres Landes nicht vereinbar, dass ganze Familien der Willkür machtbesessener Personen hilflos ausgeliefert sind. Wer übernimmt die Verantwortung, wenn jetzt, da wir reden, im Bautzener Krankenhaus etwas bei der Entbindung schiefgeht? Welche Rechte haben wir Bürger überhaupt noch? An wen kann ich mich noch wenden? …"
Als die Dame ihren Schock überwunden hatte, ging sie ans Telefon und rief ihre Kollegin L. in Zimmer 5 an:
„Warum gibst du ihm nicht das Papier?", legte auf und sagte zu mir:
„Holen Sie sich die Genehmigung in Zimmer 5 ab."
Ich raste hoch, ging an der Schlange vorbei, klopfte und sah, wie die Tür sich augenblicklich öffnete, einen schmalen Spalt, nur so weit, dass eine Faust hindurchpasste, deren Krallen ein Stück Papier festhielten, wortlos: Die Einreisege-

nehmigung, unterschrieben und datiert von der Genossin L. vor drei Wochen.
Zur gleichen Zeit kämpften Hebammen und Ärzte um das Leben unseres fünften Kindes. Herztöne waren schon weggeblieben. Aber der Junge hat es geschafft, mit Gottes und der Ärzte Hilfe.
Ich schrieb eine Eingabe an den Herrn Vorsitzenden des Rates des Kreises Bautzen, in der ich diese Ereignisse schilderte und um eine Stellungnahme bat. „Eingaben" von Bürgern mussten schriftlich beantwortet werden. So kam tatsächlich nach etwa vier Wochen die Antwort:
Mein Schreiben sei angekommen. Eine Überprüfung des Sachverhaltes habe ergeben, dass bei seinen Mitarbeitern Unregelmäßigkeiten und Versäumnisse nicht vorgekommen seien und auch nicht vorkommen.
Mit sozialistischem Gruß!
Unterschrift

Um unseren Enkeln und Urenkeln solche Erlebnisse in Zukunft ersparen zu können, müssten wir versuchen, einige der sich aufdrängenden Fragen zu beantworten:

Wo nimmt die Genossin L. ihr Motiv her? Führt sie nur Befehle der Stasi aus? – Leider geben die Stasi-Akten darüber keine Auskunft. –

Was will sie, was will die Stasi mit solchen Aktionen erreichen?

Dass ich als unerwünschte unbequeme Person die DDR verlasse?

Geht es nur darum, Angst und Schrecken zu verbreiten? (Terrorismus?)

Will sich die Genossin L. an mir, an uns rächen? Wofür? Sie kennt mich und meine Familie überhaupt nicht.

Will sie in meiner Person den Klassenfeind Kirche vernichten?

Oder genießt sie es, unbegrenzte Macht auszuüben?

Vielleicht braucht sie es, um ihr fehlendes Selbstbewusstsein aufzubauen oder aufzubessern, was ihr bisher nicht gelungen ist?

Oder ist es einfach Sadismus, die Freude, andere zu quälen und sich an ihren Qualen zu weiden?

Man sagt manchen Männern nach, dass sie in wilder Entschlossenheit ihr Ziel verfolgen, ohne auf Gefühle anderer Rücksicht zu nehmen, ja diese gar nicht wahrzunehmen scheinen.
Genossin L. aber ist eine Frau. Ist es denkbar, dass all die menschlichen Fakten an ihr abprallen: vier kleine Kinder, eine hochschwangere Mutter, ein Mensch, der geboren werden soll. Ist eine solche Frau überhaupt denkbar? Ja, die KZ-Aufseherinnen beweisen es.
Aber eine Antwort auf all diese bedrängenden Fragen wird es wohl niemals geben. Also müssen wir sicher damit rechnen, dass wir mit solchen Menschen auch in Zukunft konfrontiert werden. Wenn es uns nur gelänge, sie von den Hebeln der Macht fernzuhalten, obwohl sie immer dorthin streben werden. Haben wir nicht schon genug Lehrgeld gezahlt?

NACHWORT

Beim Durchlesen meiner Notizen kommen mir doch Zweifel: Habe ich überhaupt das Recht, mich zu beklagen, wenn ich an das Schicksal der ungezählten Menschen denke, die unter dem Stalinismus gelitten haben und zu Tode kamen? Warum durfte gerade ich überleben, ohne flüchten zu müssen? Warum blieben mir Verhaftung, Bautzen II, Archipel Gulag und Sibirien erspart? Weshalb ging der Kelch der seelischen und körperlichen Folter an mir vorbei? Wodurch habe ich es verdient, dass ich mich unter dem Schutz der Kirche oft als der freieste Mensch der DDR fühlte und es auch äußerte, wohl wissend, dass ich bespitzelt werde? Ich bin mir bewusst, dass ich allen Grund habe, Gott dafür zu danken.

Danken aber möchte ich auch meiner Frau, die dieses mein Leben erst ermöglichte.

Ich danke dem Benno-Verlag für das Wagnis, dieses Buch herauszugeben. Und ich danke Frau Veronika Thomas für ihre fleißige, treue und gewissenhafte Arbeit am Computer. Gedankt sei auch unserem Bischof Reinelt für sein Vorwort.

Erwin Heretsch

Quellen

Stephan Courtois u.a.: „Das Schwarzbuch des Kommunismus“, Piper, München, Zürich, 1997.

Pater Gordian OP: „Was ich erleben durfte“, Verlag Styria, Graz 1995.

József Kardinal Mindszenty: „Erinnerungen“, Ullstein Verlag, Frankfurt - Berlin – Wien 1974.

Alighiero Tondi: „Vatikan und Neofaschismus“, Dietz Verlag, Berlin 1955 (hier: Vatikan).

Alighiero Tondi: „Die Jesuiten“, Aufbau Verlag, Berlin 1961 (hier: D.J.).

Alighiero Tondi: „Die geheime Macht der Jesuiten“, Urania-Verlag Leipzig/Jena 1960, Originalausgabe: „La Potenza segreta dei Gesuiti“.

Il caso Tondi, in: P. Martina: „Storia della Compagnia di Gesù in Italia“, Brescia 2003.

Hermann Scheipers: „Gratwanderungen“, Benno-Verlag, Leipzig 1999.

Fotonachweis

S. 69 © KNA-Bild
S. 75 Verlagsarchiv
alle weiteren Fotos stammen aus dem Archiv des Autors